期货老师这一年

杨 清 著

地震出版社
Seismological Press

图书在版编目(CIP)数据

期货老师这一年 / 杨清著. —北京：地震出版社，2017.1

ISBN978-7-5028-4824-8

Ⅰ.①期… Ⅱ.①杨… Ⅲ.①期货交易-基本知识 Ⅳ.①F830.9

中国版本图书馆 CIP 数据核字(2016)第 302923 号

地震版 XM3922

期货老师这一年

杨 清 著

责任编辑：薛广盈 吴桂洪

责任校对：孔景宽

出版发行：地震出版社

北京市海淀区民族大学南路 9 号 邮编：100081

发行部：68423031 68467993 传真：88421706

门市部：68467991 传真：68467991

总编室：68462709 68423029 传真：68455221

证券图书事业部:68426052 68470332

http://www.dzpress.com.cn

E-mail：zqbj68426052@163.com

经销：全国各地新华书店

印刷：三河市嵩川印装有限公司

版(印)次：2017 年 1 月第一版 2017 年 1 月第一次印刷

开本：787×1092 1/16

字数：172 千字

印张：13.75

书号：ISBN 978-7-5028-4824-8/F(5523)

定价：49.80 元

目　录

序

如果你爱一个人，就让他去做期货，因为期货可以成就他(很少)。

如果你恨一个人，就让他去做期货，因为期货可以毁灭他(巨多)。

期货是个什么东西？很多人说期货是个坏东西，谈之色变。

我说期货是个好东西，人才是坏东西。

期货是什么？

简单来讲，期货就是一种交易未来商品价格的远期电子合约。期——远期，货——商品(或其他)。人们根据对未来的判断或猜想决定交易的价格，有一个人买，必有一个人卖，否则没有成交价格。

就在这本来简单的一买一卖，类似于传统贸易的交易行为中，产生了多少气壮山河、悲欢离合的故事(写到这里我长长地叹了一口气，唏嘘了一下)。

期货做得好就是一个结果：获利!

(不是赚到大钱了就代表做得好)

期货做得不好就会：

期祸(大祸临头)？

妻祸(伤害家庭)？

期惑(怀疑人生)？

期或(或者人……)？

前　言

我1991年参加工作，1999年创业成功，10年时间积累了千万财富，事业一直很顺利。

2009年因为做铜贸易生意进入期货市场，开始长达连续4年亏损的惨痛经历。

2012年痛下决心，一定要在期货市场里活下去，跟随13位名师学习后，一朝开悟，终于获得稳定盈利的核心密码。

死里逃生而心有余悸，自己常常后怕的从睡梦中惊醒。

如果自己没有开悟会是一个什么结局？

可能是半死不活，可能是生不如死。

可能后半生都会在灰暗的失败中度过，没有经历过期货交易亏损的人，永远也无法了解这种痛楚。

常在一人独处时，庆幸不已。

感恩上苍可怜我的勤奋和付出，让我得以开悟。

不敢一人独享，故把自己的交易经历和交易学习感悟，浓缩成系统标准，开设知难行易投资智慧课程，帮助更多的投资者强化投资风险教育，帮助投资者更快地完成从亏损到盈利的开悟。

实现我心中的一个梦想：让天下没有难做的期货！

本书可以说是一篇期货纪实小说，讲述本人做期货从亏损到盈利的学习转变历程，以及从2015年9月到2016年9月，自己作为一位期货老师的一段真实经历，希望能够帮助到更多的投资者从这篇小说里面得到启发，决定自己未来的交易之路是放弃还是坚持……

杨　清

2016年10月16日于南京

第一章　杨清是谁?

杨清，1973年生，今年43岁，祖籍合肥，现定居南京。

1991年中专毕业(电子电器专业)后，分别在工厂和五星级酒店工作4年，1995年开始创业，屡创屡败，屡败屡创，不改初衷。1999年终于创业成功，经营饮用水行业，完全白手起家，5年时间做到全市同行业第一，市场占有率40%。

2007年来到南京，经营建材行业(电线电缆)，资金100万起步，在没有任何行业经营经验(不懂电线电缆规格、技术参数、品种、订发货流程，甚至连一个规格有几种颜色都不知道)，没有一个客户，没有供应商的一分钱应收账款支持的情况下，完全从零起步，15个月时间销售额突破亿元，没有一分钱应收账和不良货款，同时成为该经销品牌厂家销售冠军。

然后，2009年进入期货市场。写到这里又是长长地叹了一口气，自己唏嘘了一下自己……

过去的已经过去，过去的永远不会回来。

调整一下情绪，未完待续……

第二章　坠入期货市场

2008年开始，网络销售成为比较时髦的一种营销模式，我也不例外，笨拙的在互联网上面发送了一些电线电缆产品的销售广告，留下了我的手机号码。139××××9548(现在这个号码已经不用了)为了纪念这个号码，我的微信号就是：abc9548。

于是我经常接到一些广告电话，卖房的、卖车的、卖百度推广的、卖各种网络推广的，自然也接到了一个让我日后差点儿坠入人生黑洞的电话：南京一家大型期货公司的经纪人电话——执着的王帅。

喂，您好，请问是×××电缆公司的杨总吗？

您好，请问您是哪位，我礼貌地回答着。

哦，杨总，您好，我是南京××期货公司的王帅，您叫我小王好了，我看您是做电缆的，看您的生意做得挺大的——江苏省总代理。

是的。我平静而冷淡地回答着。

那您有没有关注过期货这一块，我们公司是南京最大的期货公司，可以为您提供专业的铜价格涨跌趋势信息的服务，并且您生意做得那么大(恭维话，不过一般人都会很受用，我也不例外)，铜价波动也很大，您如果在期货上面做套保的话，可以有效避免铜的价格波动风险(听着还是似乎有点儿专业的，其实小王那时只是刚毕业进入期货公司而已)。

我耐心的听完小王的讲话，说道，好的，暂时我还没有需要，有需要时我会联系你。

那好的，麻烦杨总惠存一下我的手机号码，有需要您再找我。

我说，好的。其实我根本就没有存，因为当时并没有做期货套保的准备。

2008年8月，这个月销售创出公司新高，达到1030万元。

事业正顺风顺水，公司员工大量增加，业务量节节攀升，一切势头正猛，哪有什么做期货的工夫，所以我压根儿就没有留小王的电话。

不过，我对这个小伙子印象还不错，虽然电话没有记，但人的声音记住了。

后来几乎每隔两个月小王就会给我打一个电话，主要就是聊聊铜价，一般我也是草草几句结束谈话，确实也很忙。

痛苦的记忆从2008年10月份的商品价格暴跌开始了……

第三章　开户交易

2008年10月，事先毫无征兆的金融危机突然爆发了(反正我是没有任何感觉)，当时我看着铜期货技术图形，感觉这个铜价不知道要跌到什么地方，其他商品同时也都在暴跌，之前因为做过一段时间股票，虽然不是太懂期货，但均线图形的月线、周线、日线还是大概懂一点的。

当时仓库库存300万，厂家订货100万，总计400万库存，紧急抛货。因为预判铜价会跌破35000元。但万万没有想到的是，供货厂家突然出事了，厂家因为用货物抵押银行，重注押注铜价多单(不是投机，用于到期交割的)，它的产品不能降价了。我经销的产品BV2.5平方的电线成本已经跌至100元一卷(约40000元铜价计算成本)，它还是卖120元(约50000元铜价计算成本)，当时我的库存成本价是120元，正常要卖到130元左右。

但我决定第一时间降价，按照最新铜价计算销售价格，并且是按照现货生产成本价卖，以求快速出货，降低库存风险。

我当时给业务人员交代的销售策略是客户给价就卖，不要管我们的库存进货价格是多少。

后来铜价继续暴跌，我也是紧随价格出货，但厂家出厂价格一直是按照50000元铜价计算，由于我是市场反应最快的，我的价格比其他任何经销商价格都低，所以出货速度很快。

同时我不再进货，也无法进货，因为我的卖价已经低于进价的30%

了，最多时相差35%。于是，缺颜色品种，就退回厂家调换，这样逐步调整，最后月底库存降到了15万，几乎就没有货了，后面铜价很快跌破35000 元，30000元，28000元。

由于出货及时，我们避免了更大损失，如果按其他经销商出货速度的话，至少损失100多万，而我们11月底扎账，一算总计才亏损18万，简直就是个奇迹。

但销售就此停滞，客户怨声载道。

不得已，过了春节只有另外更换一家位于东莞的厂家作为新的供货商。

由于这次市场的铜价暴跌，春节后我动了心思，自作聪明地想，如果我在50000的铜期货价格做空单套保，就不必这么手忙脚乱，忙于出货了，可能还能赚点儿。正巧，王帅的电话好像知道我的心思一样，来了。

于是顺理成章的开户了。永远记得那是2009年3月份，我和王帅走进那座期货公司大楼时，在电梯内我跟小王调侃说，不知道做这个期货是祸还是福啊?!

小王一听愣住了，然后只是憨厚而尴尬地笑了笑，没有直接回答。

结果：是祸也是福。

祸兮福依，福兮祸依。

第四章　亏的最快最多的是现货商

回头再看自己的人生经历，一个屌丝，经过巨多次的失败，终于在26岁创业成功(这一段可以写一本经典的屌丝如何成长的书)，后来一帆风顺，顺到几乎做什么陌生的行业都是赚钱的，资产也在短短10年时间上升到近千万。

我创业20多年来做的行业中很多都是自己没有做过的陌生行业：维修、餐饮、音像、食品、地产、汽车、建材。

有很多朋友问我：杨总你都做过什么行业啊？

我经常是这样回答的：你要问我还有哪些行业没有做过。

先说做过哪些职务和岗位吧：①流水线工人；②强电维修电工；③弱电维修电工；④街头小摊主(N次)；⑤店铺小老板(N个)；⑥业务员；⑦业务经理；⑧销售总监；⑨工厂厂长；⑩公司总经理。

在这些历程中，养成了这样的性格：敢于尝试新事物，胆子大、无所畏惧，屡败屡战、不屈不挠，不断学习、永争第一。

这种性格在实体经济中会因为经验的不断丰富，在跨行业发展中是有利的，并且感觉不适合自己的行业(亏钱的)也能迅速脱身。

但在期货行业里面，对于曾经的现货商们，这些优点全部会变成劣势。

并且你还很难抽身而退。

这个行业你进来容易，想出去几乎不可能。

除非输光，最后像一块破抹布一样被市场扫地出门。

因为期货是一个需要谨小慎微、如履薄冰、敬畏市场、思维缜密、计划充分、高度复杂的行业。

是一个对于人的思维能力和控制自己人性管理能力要求超级高的、超级难以成功的行业。

这样的市场，对于胆大妄为、思维简单、不知风险所在、习惯冲动、习惯个人主义、一言独大、独断专行的现货商而言，简直就是一场巨大的灾难。

并且在原有多年事业成功顺风顺水的惯性下，现货商一般会觉得自己无所不能，自己可以主宰一切，可以轻易扭转一切失败。

实在不行大不了我不做了，殊不知一场巨大的风暴在前面等着你，你还永远无法挣脱！

第五章　一个叫杨清的傻瓜现货商

现货商做期货，有一部分是受到套保的思路影响，我的建议是：流动资金在500万人民币以内的小型经销商根本不需要套保，因为你那点儿资金和实力根本没有套保的需要。

因为套保是比单边交易难很多很多的一种交易行为，看似简单实则更复杂。

真正意义的套保是需要一个期现结合交易部来完成的，人员最少需要配备：交易策略制定者(需要具备很强的期货技术面分析能力和现货基本面分析能力)、下单员、风险控制等3个岗位。复杂一些的需要策略委员会来制定套保完全交易方案，一般小公司根本负担不了这样的人力投入成本。

很多公司名义上说是做套保，实际上做了投机，并且策略制定(或者根本就没有策略)、下单、风险控制全部由老板一个人去完成，很多时候老板脑袋一拍就下单，再一拍就平仓了，怎么能不乱？怎么能不亏？

套保，套着套着就把自己套进去了！

套保，套着套着就变成投机交易了！

开户初期，我还是比较谨慎的，只投入了7万资金，我记得经过几天对交易软件的熟悉后，开了第一仓：铜0905合约1手。

做的是空单，亏的过程已经记不清了。总之7万元大概一个月不到就没有了，后面就是不断地投入，在铜价上涨的过程中不断地做空。

那时对经济形势完全不懂，美元、美联储政策对铜价的趋势影响也不懂，更不明白4万亿对商品是什么概念。

本来还是能够看懂一点技术图形的，可以判断铜价已经处于日线级别的上涨过程了。可是，现货商的思维，套保的目的，变得像个傻瓜一样不断地在铜价上涨的过程中做空单。

期货交易亏损的过程是很快的，也是自己事先难以预料的，因为创业成功以来一直是很顺的，做什么几乎都是赚钱的，就算亏钱也是只有几万元的亏损，并且亏损后抽身很快。

铜价不断上涨，我不断做空，继续亏损，继续再次入金，好像着了魔咒一般。

在亏了20多万的时候，不是停止，而是加大资金投入，继续操作，还是做空。

奇怪吧？这就是现货商思维：一根筋！

几个月后亏损超过30万时，突然发现这样做套保是错的，加上平时销售工作也很忙碌，没有多少时间静心思考，于是开始转向投机做日内短线了，一会儿满仓100手PTA，一会儿满仓100手白糖，乱做一气的节奏。

那时持仓时间特别短，根本也没有什么技术方法，赚点儿钱就跑，亏钱就扛一会儿，扛不住就斩仓，这种交易模式下注定是亏损的。

赚1万，又亏3万，赚5万，结果又亏8万，总资金一直在慢慢缩水，亏的多了怕了，导致后来下单的手放在鼠标上面都是瑟瑟发抖，心也在不停地颤抖。

因为每次开仓不知道会亏掉多少钱，那可是辛辛苦苦赚来的真金白银啊！

这时满脑子想的就是怎么样快速地把前面亏的钱给博回来，越快越好，恨不得下单后立刻把那亏损的30多万全赚回来，完全就是一个输的眼红急于扳本的赌徒。

终于在某一天做日内大亏8万后，心态崩溃了，知道自己无法战胜它了，只能做最后一个风控，把亏损的情况告诉了太太，那种痛楚和愧疚感实在无法用文字形容。

实际总亏损只占家庭资产的5%不到，也只占当年现货生意净利润的35%不到。

但对于事业一直顺利的自己和家庭的影响是巨大的，自己由此产生了深深的挫败感和愧疚感。

太太初听这几十万的亏损，一开始以为我在逗她开玩笑。

我和太太结婚时非常窘迫，当时还有负债。我们一起过了很多年的穷日子，最穷的时候，身上连装部电话的200块钱都没有，后来生活随着创业的成功钱虽然越来越多了，但我们非常节俭，平时很少花钱。

虽然之前做生意时也曾经有过亏损，但像这样亏损几十万的情况还是第一次。

太太听了后证实我不是在开玩笑，心里十分难过，不过她并没有一丁点儿的抱怨。仔细听我讲了全部过程，很果断地说，你还想继续做期货吗？如果还想做，给自己设一个最终资金止损位置，你再试试，如果还是亏就认输吧。

还是她了解我的性格，做什么事情是不会轻易认输的，暂时认输，其实心里还是会不服的，可是期货市场是个专治各种不服的地方。

经过商议，缩减了资金规模，确定再亏2万结束，不做了。

很快，具体什么时候记不清了，反正很快就达到了自己设定的止损目标。

2009年的期货交易就这样稀里糊涂的结束了。

我很庆幸当时将亏损的事实告诉了太太，也很庆幸做了一个总资金亏损额度的止损动作，规避了更大的损失，保留了还可以继续在期货市场里面存活下去的可能。

有很多人钱亏了后，选择了对家庭隐瞒，而且不做总资金止损（亏损总资金多少比例后的止损动作），甚至去负债做期货，导致人生迅速跌入谷底，从中产回到赤贫。

我对这段期货人生历程的总结是：期货交易，认真你的人生就输了。期货交易，认输你的人生就赢了。

实际亏损对于交易者来说，也是一种赚，赚到了风险意识，赚到了敬畏之心。

期货市场残酷的现实是：你可以没有能力，你可以没有技术，你可以没有心态，但你一定不要让自己没有钱，否则你将失去在这个市场活下来的机会。

绝对不要在自己亏损的时候增加资金规模，相反还要大幅减少资金投入规模，这样你就有机会存活下来。

一句话：输缩赢冲！

第六章　期现结合的经典之战

2009 年大亏过后，老实了很长一段时间没有交易。新的经济环境下，增加了新的销售模式，非常忙碌，到了2010年9月底，“毒瘾”复发。

当时已经过了近一年时间，2009年亏损的痛楚也逐渐慢慢消退。

时间真是一个好东西，可以治疗你的伤痛，但其实这一年并没有经过任何期货交易培训学习，交易能力本质上是没有任何的改变。

唯一改变的是知道怕了，所以只投了20多万的资金，9月27日满仓做空的橡胶。

现在回头看，自己简直蠢的要死，实际上还是一点不懂怎么做交易。

橡胶当时技术形态是强势整理后的上冲，马上面临前高突破，这是一个要加速上涨前的图形，我做了空单不说，还是满仓。

结果做进去就亏损，如果第一时间止损，损失会很小，如果收盘前止损，损失也不会很大。

可是我并没有这么做，而是选择侥幸，选择隔夜，而且还是持仓过节——国庆节，简直是在拿钱开玩笑。

然后我就出差广东了，账户也不管了，这是一种极其不负责任的表现，这是明明知道亏损，学鸵鸟把头埋在土里愚蠢的自欺欺人的表现。

几天时间就亏损出局了，但亏损要远小于2009年，时间又短，痛苦程度也远小于2009年。

于是，又停了下来，因为当时设了总资金止损法，亏到总资金的一半认输离场，没有交易，但每天还是会看看铜价的盘面，终于机会来了。

2010年12月中旬，我看到内盘铜价已经连续上涨接近历史前高，伦铜更是创出历史新高，因为美元贬值，所以内盘没有创出新高。

从技术图形上面看，月线、周线、日线都在强势中，这时的铜价，易涨难跌。

但那时因为伦铜已经创出历史新高，很多现货商畏高情绪比较明显，不敢放大库存。

我根据铜期货技术图形和现货销售情况是这样决定的，当时月销售额已经下滑到约300万一个月左右，正常库存一般在150万～300万之间(根据铜价起伏会做出一些合理化调整)。我判断，后期铜价还有上升空间，并且已经临近元旦、春节，而春节后是传统铜消费旺季，就算那时下跌也是缓慢的并且下跌过程中是有反弹的。

技术图形上MACD等指标也指示铜价短期还有约至少15%的上涨空间，短期很难大跌。

于是，我陆陆续续在12月底到春节前加大库存量，节前总计屯了300 万现货和400万的订货合同，总计700万库存，这是我做电线电缆以来最大的一次库存量，从来没有过的，很多员工包括家人都很担心，万一跌下来怎么办?

我胸有成竹地说：放心，一切都在我掌控之中。这次为什么可以放这么大的库存，我是这样考虑和安排的：

(1)市场畏高。大部分经销商是不敢节前做库存的，节前不做库存，节后市面上有些客户就会因为着急拿现货找有现货的上家拿货。这个时候越是别人不敢做库存的时候你就越要敢于放大库存。

(2)同时从技术面上分析铜价涨多跌少。短期上涨概率很大，下跌概率很小，节后就算下跌也很可能是上涨后的整理缓慢下跌，不可能出现2008年那种断崖式下跌。

(3)测算销售周期700万库存正常为75天，准备的销售策略是：一旦节日期间上涨，节后按照低于市场价的价格快速倾销，力争在市场下跌前快速消化，预期45天可以销售完毕这700万的库存。

这是一个经过周密计划、缜密安排的放大库存规模、增加销售额和利润的完全期现结合销售方案。

但我没有做期货的多单，因为期货和现货完完全全是两码事。

现货建仓后，万一产生下跌亏损是账面上的，没有什么感觉，要到月底盘账时才能知道亏损多少。而期货建仓就不同了，多单建仓完毕下跌后，每分每秒的亏损变化都会刺痛着你的神经。

700 万的库存建完时，价格已经上涨了5%，元旦和春节前后果然继续上涨了10%，总计涨幅达到15%，伦铜更是创出10190元的历史最高点。

上天眷顾，一切如计划安排好的一样，还没有上班，很多客户就把货款打过来了，因为有这样一个不成文的规矩，节前价格没有调整的情况下，节后第一天的价格按照节前算，当时相差7%。

所以很多客户看到铜价涨了拼命的要货，出现了初六上班，客户初五就把钱打过来了。

另外春节期间我新组建了电话销售团队，把之前业务员跑的各地没有成交的客户名片给销售员电话销售，出乎意料，在低价销售策略下3 个人开发当月新客户提货超过100万，效率非常高。

结果真的在45天时间内，铜价下跌前，库存消化完毕，利润75万。

你看完全同样的期货技术分析，就产生了两种截然不同的效果，不熟悉的行业，没有周密的计划，没有缜密的安排，一个是完全外行的期货交易，大亏！一个是完全内行的期现结合，大赚。你说期货是个好东西还是坏东西？

所以我一直说：期货是个好东西，人才是坏东西。

期货让我欢喜让我忧……

第七章 看对了行情却赔了钱

2011年3月份之后，铜价开始缓慢下跌，我从自己的实体生意中感觉到，销售额已经远远低于10年前那个时期了，未来中国的铜消费可能会随着我国地产发展的降温，需求进一步减少。

铜价不具备像2006—2007年间的大幅上涨和高位震荡整理的条件，会逐步重心下移，具体能跌到哪里不是很清楚，但第一目标50000应该不会用太长的时间，当时铜价约73000左右。

出于这样的考虑，我在4月初建了几手铜的空单。实际我作为现货商正确的做法应该是：按照库存具体金额，去期货市场做空最远期对应等量货值的铜空单，去对冲库存下跌的风险，这才是真正的套保。未来一直移仓即可(这只是简单讲解一下，实际做起来非常复杂)。

空单进场后立刻就有了利润，由于这次我是做好了准备，并且前期现货期货结合赚了钱，所以做起来很有底气。

接着我就和妈妈去北京旅游了，单子根本就没有管，看都没有看，和节前做多库存一样，胸有成竹，如果这是现货，可能又是一个非常好的结局。

哎，可惜这是期货，有很多事情会突然干扰到你原来的计划。

在北京游玩的第4天，突然接到经纪人王帅的电话说：这几天铜价我们公司判断可能会反弹，建议你先平仓出来，等上涨结束下跌时再进场。

我一看，果然铜价反弹了500多点，把已经盈利的1000点吃掉了一半，心里想着，小王讲的有道理，于是就平仓了。

平仓之后铜价又反弹了500点后再次下跌，可是我却没有再进，跌下去了想等它再反弹一点做空进去，这一等就下去了5000点。

可想而知，当时我有多懊恼，本来这单已经想好了不盈利个5000点不平仓的，可是最后只赚了区区500点，才赚了10000多元，本来可以至少多赚10万的，只是因为别人的一个电话就改变了原来的策略，其实问题还是在于自己不够坚定。

所以，期货交易多和别人交流交易的思想理念，不要交流行情和多空看法，否则很容易被别人影响，特别是你认为的权威人士。

看着铜价大幅下跌，很是郁闷，心里暗暗想着，再给我个机会，一定要抓住它空进去，死都不能平仓了。

很快“机会”就来了，5月份铜价开始反弹，从64000开始我介入做空单，一直持有到7月底铜价见73000时（前高76640），我的空单扛不住了。因为我做错了三件事：

(1)在上涨的过程中做空。

(2)越涨越加仓，太贪心了。

(3)仓位越来越重后，亏损后加大了心理的恐惧感。

最后实在受不了这种压力，在几乎7月底的最高点我止损出局了。

止损完毕刚过仅仅一周，铜价下跌，继而暴跌。

短短40个交易日铜价跌去22000元，最低至50930元。

而在止损出局后的下跌过程中我却再也没有勇气去做空铜的单子，眼睁睁地看着巨幅的下跌行情，不仅利润与我无关，还亏了钱。

真的让我体会到了什么叫看对了行情却赔了钱。

自此关于期货我彻底崩溃了，服了，认输了。

2009年10月是我看错了行情使我亏钱，而2011年是看对了行情我也是亏钱，那我以后根本不可能在期货市场上赚钱了。

这时现货因为铜价暴跌，销售不但没有任何的盈利，库存还会有损失，销售额和利润都大幅缩水。

双重打击下，我再次产生了深深的挫败感，我决定再也不做期货了，我根本就不适合做期货。

可是你以为自己可以摆脱吗？

那你也太小看期货的魔力了。

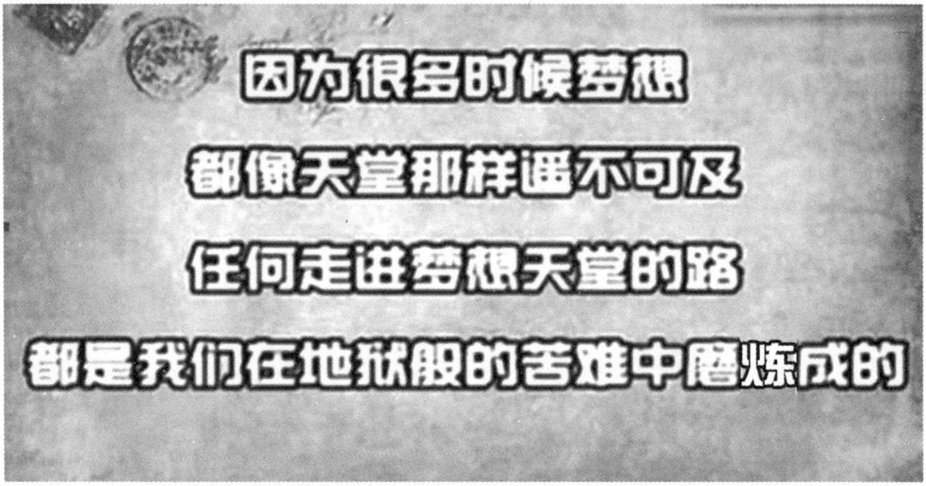
因为很多时候梦想
都像天堂那样遥不可及
任何走进梦想天堂的路
都是我们在地狱般的苦难中磨炼成的

第八章　艰难曲折的学习之路(一)

经过2011年的看对了行情却最终亏了钱的结果，我彻底对期货死心了，心里想：还是老老实实做好自己的现货生意吧。

可是这个时候任由自己怎么努力，销售额再也恢复不到以前的量了，因为地产已经下滑了，并且各电缆生产厂家这几年来一直是扩张产能，两相抵消，同质化，低价格竞争仿佛一夜之间就来了。

低价竞争我不怕，怕的是有些厂家不但低价竞争，还大量放应收账款给经销商来刺激销售。

2012 年春节前，溧水的张总半真半假地说：杨总啊，明年你要是再不给我放应收账款支持我就不做你们的品牌了。哎，我说得是真的哦！

我只有立刻接过话茬说：张总你放心，明年肯定会给你放应收账款的支持。

不是我真的想答应他，实在是因为这时的市场形势已经非常严峻了。

这些经销商也已经处于拼刺刀的阶段了，他们已经大量放应收账款了，工地开始拖欠供应商的材料款了。

你不欠有人欠，你不放应收账款这个客户可就真的丢了。

溧水张总是我多年的忠实客户，不到万不得已我知道他绝对不会说这个话的，同时也是说真的，不放应收账款，绝对不会再合作了。

毕竟也合作这么多年了，彼此熟悉，以前不熟悉怕货款安全问题，现在实在没有推脱之词了。

好了，这个口子一开，半年时间客户总欠款就高达300万，并且销售额还在下降。

半年过去了利润也只有20多万，公司总投入500万资金，也难怪现在实体生意老板要么买房，要么做金融投资，就是不投资实体经济呢。

2012年拿500万在南京买房到2016年9月，4年时间至少能赚800万，平均一年200万。

可是做实体，一年净利润还不到50万，还有欠款。现在的实体经济情况就更加艰难了。

可是你做生意的人不可能把钱都买房子吧？不可能把经营多年的生意丢掉吧？

我之前从来没有放过任何应收账款，一直没有给任何客户欠过一分钱的账款，这下可好，一欠就是300万。

我感觉很不适应，资金只要欠出去就会有烂账的风险，尽管江苏这边商誉要好的很多，再说都是老客户，相对还是比较安全的，但只要是应收账款，就是有风险的。

并且，尽管放了应收账款，利润率和销售额还是双双下滑，下滑幅度还比较严重，自己也想了诸多办法来提升销售。

例如，加大工程项目的投入，组建工程销售团队等，但因为自己是做渠道出身的，并不擅长应酬，又做了这么多年的坐商，已经舍不下身段为了做点业务去求人了，所以效果并不理想，或者说效果很差。

经过了几番挣扎努力后，看着日益下滑的销售额，看着日益增长的欠款，心里想，这样下去总不是个事呀，是不是要换个行业了？换什么行业好呢？

对了，你猜对了。自然而然地想往金融行业转，说是金融，其实就是期货，还是贼心不死。

金融多好啊！你看又不用应酬，又不用欠款，风不打头，雨不打脸，夏天吹空调，冬天有暖气，足不出户，轻轻松松，鼠标一点，钱就来了。

真的这么轻松吗？真的就这么舒服吗？

更多人更多的时候是鼠标轻轻一点钱就没有了。

所以有了之前的亏损经历，压根儿也没有想再去做期货，亏怕了！

因为觉得期货是没有人可以真正赚钱的，报纸、网站宣扬期货赚钱都是骗人的。

但是平时总会不由自主的在闲暇时浏览一些有关期货的信息、帖子、论坛等，实际还是不死心，口服心不服啊！

就在2012年3月，一次漫无目的上新浪论坛浏览，遇到了上天眷顾我的启蒙老师——C哥。

这么说吧，是C哥给了我能够在期货市场上肯定可以盈利的信心，这个对于已经承认失败的我非常重要。

自信心是做好期货的必要条件之一，虽然不是唯一，但必须要有。

有了信心，就会在心理上有强烈的暗示：我肯定行。

无论后来再受到什么交易挫折，都不会放弃，反而会很快自愈，慢慢学呗，反正还有本金，总会有成功的一天。

所以我后来教学时一再强调，亏损者可以什么都没有，没有能力，没有技术，没有心态，但你一定要还有本金，还要有属于自己的闲钱用于交易，因为只要你还有钱(一定不能是透支、借款或生活费)，你可以花钱去找前辈老师学，学过之后，再到市场里实盘练习，总会有属于你的春天。可是没有钱就真的会被淘汰出局了。

第九章　艰难曲折的学习之路(二)

自从进入期货市场以来，到2011年底总计交易3年，并没有像很多后来的高手老师曾经在交易上亏损的死去活来，负债累累。

其实我是越亏越减少投入资金，等于是越亏越少。

我虽然钱亏了几十万，但这点钱对于家庭生活和事业经营影响并不大，绝对到不了死去活来的地步，更没有借钱，还是属于可以承受的范围内。

可要命的问题是，我是一个对自己的事业要求特别特别高的一个人，就是要么不做，要做就要做到行业顶尖的那种人。

并且在多年前的创业历程中，我也一直这样要求自己，也做到了很多次自以为是的人生“辉煌”。

例如，1999年创业初时，开始投入资金只有借来的16000元，租房转让费加房租和店铺装修花去5000元，实际投入资金用于货物周转的只有11000元。

就是这11000元，第一年就盈利10万。那可是1999年，南京市区的房价也不过才每平米3000元左右，就是在南京也可以按揭买一套90平米左右的房子，一年的收益是投入资金的6倍。

现在总是不自觉的会想到收益率，呵呵，习惯了。

也就是3年时间，6家做我们同品类生意的同行，我收购兼并了4家，几乎垄断了当地的市场。

2002年建食品工厂，2年时间，当地市场占有率超过40%，市场份额排第一。

2007年带着现金100万来到南京(在南京桥北可以按揭买10套房，真是那句话，明明可以买房致富，非要去创业)，在0客户，0渠道，0厂家支持的情况下，硬生生地完成供货厂家制定的3个月完成750万的省级代理商销售目标。

说实话，那段时间真的非常辛苦，我每天早晨5点起床，工作到夜里12 点左右，一天只睡5个小时，自己一个人当6个人用，15个月时间销售总额1.2亿，是供应商所有省级代理商中的销售冠军，这个纪录保持至今。

你看，在连续近10年的创业生涯中，我总是能够在自己经营的领域取得第一的好成绩。

这个时候一个人就会主观认为自己无所不能，做什么都能够成功，接下来就是盲目自大、盲目自信。

他会忘了，他所取得的一点点微不足道的小成绩，完完全全是因为整个国家经济高速发展带给整个社会的财富，只是你这个人反应速度比较快，稍微勤奋点而已，但并不代表你这个人能力有多大，大到相信自己无所不能。

在这种盲目自信下，盲目地闯入期货市场，在连续顺境中，突然连遭失败，自然挫败感就会比一般人要深重的多得多。

说实话，期货确实是一个魔鬼般的行业，不过，真正知道应该怎么做，稳定盈利还是比较容易做到的，这就是我的课程系统命名为《知难行易》的由来。

这种挫败感对于像我这样，对自己要求过高的人是一种致命的痛苦，就好像原来高速前行的汽车减速了(生意随着经济下行而发展减速)，还突然挂入了倒挡(期货市场连续性亏损)，把变速箱齿轮都给打坏了。

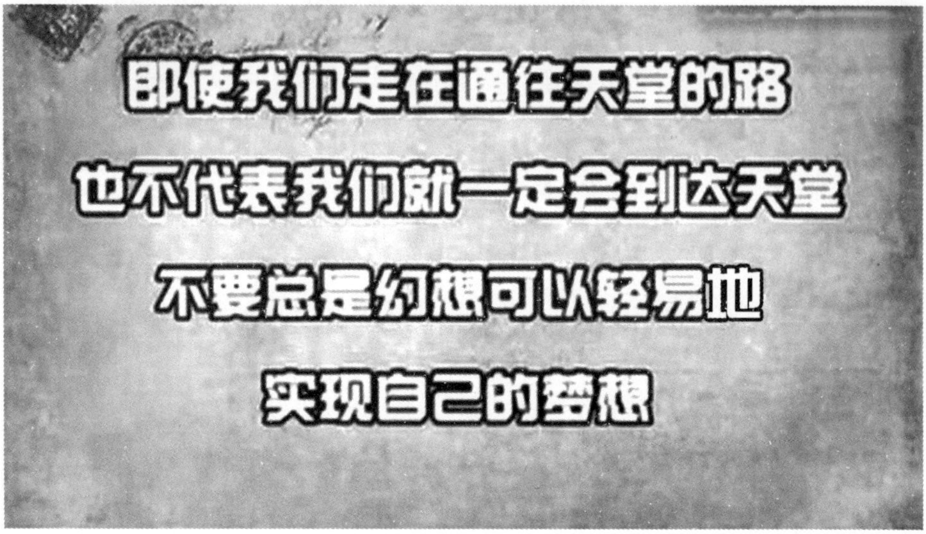
即使我们走在通往天堂的路
也不代表我们就一定会到达天堂
不要总是幻想可以轻易地
实现自己的梦想

第十章　艰难曲折的学习之路(三)

时间飞快的来到2012年，用现在流行的一句话说：我已经被期货打的不要不要的。

从内心已经完全接受，自己在这个市场里失败的事实，甚至逃避性的认为这个市场是不可能有人真正赚钱的，媒体宣传的期货冠军赚钱都是骗人的。

这种想法其实就是潜意识把失败责任归于期货市场，这是一种企图逃避自己才是造成亏损原因的事实。

直至我看到上天因眷顾我而派来的C哥。

C哥是江苏常州武进人，比我年长一岁，学历是南京医科大学硕士，是南京一所医院的医生。

C哥在家里排行老大，下面有3个弟弟和妹妹，C哥大学期间就做了股票的投资，后来又做了期货。

从1991年开始到2003年的投资生涯中，C哥总计亏损高达150万。

几乎自己的钱，借家里的钱，借亲朋好友的钱都亏给了市场，并且耗费了13年的青春大好时光。

自此，C哥从人生一直顺境中跌入最低谷，曾经学生时代成绩名列前茅，南京医科大学硕士毕业，工作单位又好，收入又高，足以羡煞同龄人。

但在光环下面看不到的实际情况是，因为投资的失败(后来借了很多钱)，实际C哥工作后的生活都是不快乐的，可以说是暗无天日，却又欲罢不能。

在万般无奈中，C哥想找个地方了结自己的人生，但又下不了这个决心(已经有了家庭、孩子)，极度郁闷中，时间来到了2004年。

一天，一位朋友邀请他去钓鱼。他后来回忆说，之前他非常刻苦勤奋的学习各种交易技术：均线系统、K线语言、布林通道、MACD、KD、KDJ、波浪理论、黄金分割线、趋势线，等等。

几乎业余时间都去学习技术分析了，偶尔也赚钱，甚至短期内赚过大钱，但更多的时候，还是亏钱，年底总结总是亏损。

自己郁闷到百思不得其解。

那天钓鱼，他把鱼位撒好，鱼饵穿好，抛甩鱼竿开始钓鱼。

当时人是在钓鱼，可心思却早飞到了期货上面了，这也是期货最恐怖的地方，做了期货，你会无时无刻地融入其中，亏损者更是容易每天都纠缠在里面，不能自拔。

特别是持仓亏损时，更是坐卧不安、心神不宁、食而无味、寐而不眠、痛苦万分。

那天他望着漂在水面的鱼浮不停的发呆，过了很久，突然他灵光一闪，这是一种多年学习积累后，通过吸取自然现象产生灵感的一种突然性自悟。

他连忙扔下鱼竿，都没有顾的上跟朋友打招呼，马上转身踉踉跄跄地往家里一路飞奔。

为什么没有打招呼，因为这种灵感必须一直保持回到家里，不然被任何一个人或者任何事情打断，你的灵感就没有了。

到家之后，C哥立刻开启电脑，把之前的所有交易记录进行复盘，这时的灵感就像音符一样跳动，韵律般的验证自己的盈利单为什么盈利，同时也验证了亏损单产生的原因。

C哥这次终于找到了期货保险箱的密码和钥匙。

自此，C哥走上了资金每年都翻倍的盈利道路，小资金起步，最高时2007年翻了6倍，收益率高达600%。

也就4年时间，靠着每年都能够盈利，顺利还清所有欠款，还买了200多平米的大平层和一辆心仪已久的奥迪，终于扬眉吐气啦。

我看到C哥的帖子时是在一个新浪的论坛里，C哥每天发送自己的交易记录，当时是从2012年3月到2014年底，每个月平均盈利10%，偶尔亏损，偶尔一个月盈利30%，几乎每年翻3倍(起步资金10万)，从10万做到120万。

第十一章　艰难曲折的学习之路(四)

我看到C哥发帖时，已经从10万做到20万了，当时看的2012年4月做的第一单就是2012年4月9日做空铜。

当时觉得这个铜空得太牛叉了，开盘价空进去，60490空单1手，并且持仓隔夜，我当时惊奇的有两点：

(1)开仓点位非常好，开进去就立刻赚钱。

(2)敢于隔夜。

因为之前我自己做的都是短线日内单，实际是赚钱就跑，变成日内单，亏钱时扛着，变成隔夜单，再亏就变成波段，一直亏就变成长线，最后扛不住了，就变成了砍仓。

周而复始，导致这种交易行为习惯赚钱只是过程，亏光才是结果。

更为神奇的是，铜价后来一路下跌，C哥是在6月15日以55100价格平仓的，1手铜赚了5390点。

做这单空铜的保证金几乎翻倍了。

后面的几个月，也是看到实盘每天发布的保证金账户资金明细和持仓平仓明细，显然这是真实的实盘。

很多次开仓都是很神奇，C哥一般都是开盘就进场，进场之后没有多长时间就大幅盈利，并且持仓隔夜后利润更加丰厚。

当然，也有不少止损的单子，但止损特别快，一般不会超过3天，绝大部分止损单都是当天或第2天止损。

C哥人非常非常善良，非常的好。善良在哪里，好在哪里，以下几点可以证明：

(1)不断在帖子里警示教育投资者不要做期货，更不能借钱做期货，做了总是亏钱的人，要做人生止损，注销期货账户永久离开期货市场。

(2)C哥教授网友如何去降低交易成本。

(3)C哥把自己多年的经验总结成理论无偿发在帖子里面，给网友们分享，完全免费。

例如，大小周期共振时，做同一个方向。亏损单子尽早平仓，盈利单子多拿几天。讲解美元和商品的关系，讲解很多的技术指标实战的学习运用要领等。

C哥说明，在新浪论坛发实盘帖，不是为了炫耀或什么商业目的，而是为了警醒自己，时刻监督自己的交易策略执行情况，事实也正如C哥自己所说。

至此看到，C哥如此交易情况后，不禁迸发出我的原始好胜心，C哥也是人，C哥也是从亏损走过来的，他能够做到每年盈利，我也应该可以做到。

正是有了这样的信心和决心之后，我强大的自愈疗伤能力和发奋图强的学习力开始显现了。

我觉得自己的智商和C哥要差很远，他是一本院校研究生毕业，我是普通中专学校毕业，我靠自悟肯定是不靠谱的，我只能走拜师学艺这条路。

拜谁呢？这还用问，最好的老师不就在眼前，不就是C哥吗？

当时C哥在新浪网上非常红，拥有众多粉丝(2000多)，但只要是谁想拜师，或想来南京找他，一概回绝，我的请求自然也不例外。

但我相信，精诚所至，金石为开。

因为我知道，自己要想学好、做好期货，拜师学艺是成功的唯一途径。

我一开始加C哥QQ很久都没有通过，过了两个多月才通过，但我在帖子里面可以发言，当时有几个网友，不知道为什么，总是攻击C哥，说他的晒单是模拟盘，假的，还经常说一些辱骂的话，我和其他很多网友很是气愤。

C哥有的时候实在忍无可忍，就会有一些还击之词，我和其他几位铁杆粉丝，就会为C哥助威，有时也会发很多力挺C哥的帖子跟帖。

我说的都是客观事实和因为感激C哥无私奉献的肺腑之言。

有这样一个人，前几月C哥账户资金高歌猛进，这人跟单后赚钱了，高呼C哥万岁，后几个月C哥账户资金回撤，他跟单又亏钱了，立刻又说C哥不过如此，大家不要在围观了，等等。真是林子大了什么样的鸟都有。

逐渐因为在帖子里面我的发言很多，引起了C哥的注意，刚好又都是南京的，自然就亲切了许多，逐渐C哥通过了我的QQ好友申请。逐步我们相互熟悉了起来。

但开始的交流是很少的，因为高手总是曲高和寡的，他们一般不愿意和低手交流的原因是：层次不一样。

高手更多交流的是理念和系统，而低手更多交流的是看好哪个品种啊，明天做多还是做空哪个品种。

根本不在一个频道，如何交流？

所以你跟高手交流时，千万不要问对方诸如看好哪个品种啊，明天该做多还是空等，一说就把你的低手层次给漏了。

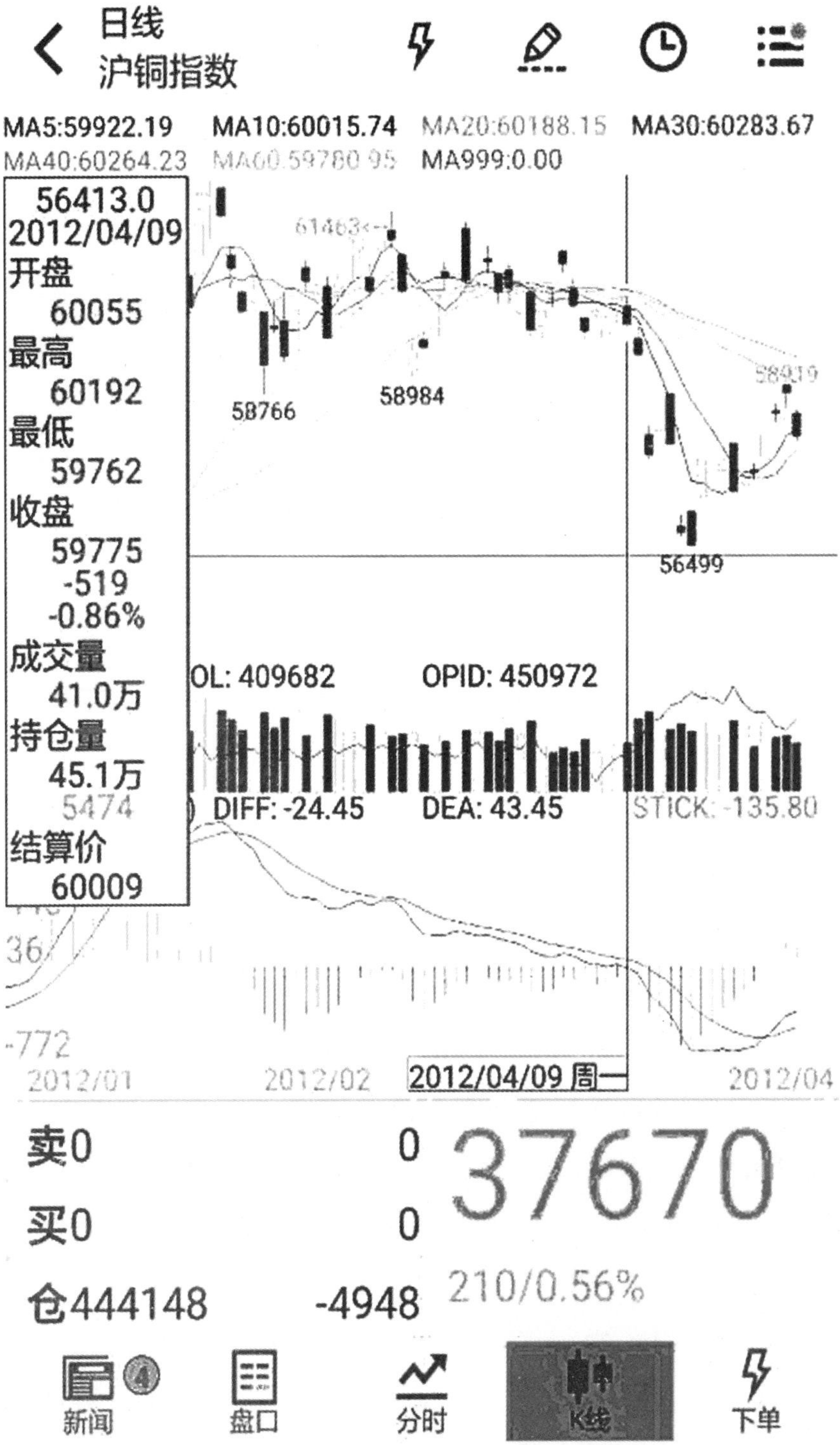
日线
沪铜指数
MA5:59922.19
MA10:60015.74
MA20:60188.15
MA30:60283.67
MA40:60264.23
MA60:59780.95
MA999:0.00
56413.0
2012/04/09
开盘
60055
最高
60192
最低
59762
收盘
59775
-519
-0.86%
成交量
41.0万
持仓量
45.1万
5474
结算价
60009
61463
58766
58984
58919
56499
OL: 409682
OPID: 450972
DIFF: -24.45
DEA: 43.45
STICK: -135.80
36
-772
2012/01
2012/02
2012/04/09 周一
2012/04
卖0
0
买0
0
37670
仓444148
-4948
210/0.56%
新闻
盘口
分时
K线
下单

第十二章　艰难曲折的学习之路(五)

一个人有了信心和目标，接下来做的事情，就是努力学习加勤奋练习了。期货也不例外，只是有一点：你必须还要有可以继续交易的自有本金。

我还是比较幸运的，资金肯定不会缺，另外，通过看C哥的帖子，我明白了一个道理，学习阶段的资金占比家庭资产比例越少越好，但最少不要低于10万，因为这个资金量可以开仓除股指合约外的任何品种两手以上，可以练习加减仓等交易动作。

如果你学习的是没有加仓和减仓动作的话，5万资金起步足矣，一次性开平仓，因为学会后，你可以逐步增加资金，没有学会的话你资金越多，灾难越大。

当时找C哥学习有个问题，就是C哥在新浪论坛里面讲得很清楚：既不代客理财也不收徒弟。

不招收徒弟的原因，显然是C哥不愿意让自己用青春、血泪、生命换来的交易系统轻易地被别人用几万块钱买走。

这个我非常理解，但自己想通过学习交易技术在期货市场里面立足，又必须拜师，既然C哥不愿意教，那就尽量和C哥成为朋友吧，也可以耳濡目染，随着时间的积累也能获得一些突破性的感悟。

这一点，我的一位期货培训班的来自湖北的师兄做得很到位，他几乎天天和老师们泡在一起陪吃、陪喝、陪玩。

随着时间的推移和网络论坛、QQ交流的深入，渐渐的C哥和我聊的时间越来越长，也越来越投机，可能是同龄人的关系会有很多共鸣的话题，抑或是高手都比较孤独吧，期货又是小众行业，能够找到一个可以轻松聊天的期货交易朋友，可能也不太容易。

转眼到了年底，C哥的资金账户已经做到了25万，盈利15万，做得相当的稳健，资金回撤最多一个月没有超过总资金的5%。

有一天趁着C哥比较高兴的时候，我不知道是第多少次的邀请（估计超过10次），C哥终于答应见一面，但不接受吃饭邀约，只是答应见一面，地点就在南京市建邺区莫愁湖公园附近的南湖公园，C哥家住在南湖一中附近，我住在雨花台区的南京南站附近，相距不是很远。

2012年12月16日，是个星期天，我们相约下午3点见面，C哥有中午午休的习惯，我带着两盒茶叶(C哥不喜好烟酒，独好喝茶)提前半小时到达，很顺利的找到南湖公园约好的那个亭子。

我早早的就来到公园，等到约2点58分，我看见一位和我年纪相仿，瘦瘦高高脸上略有沧桑感的一位男子朝亭子走了过来。

我连忙带着露出四颗牙齿的微笑，无比激动地迎上前去，您好，是C 哥吧，我是杨清。

你好，杨清，我是C哥。

握手落座后，C哥说的第一句话我就觉得很开心。

杨清，你是我2000多个网友中，第一个也是唯一一个见面的。

我当时脑子里面就冒出那句成语：精诚所至，金石为开。

教给后来的期货交易学习者：只要你还有可供交易的自有资金，想找哪个老师学习，只要做到精诚所至，金石就会为你打开。

接下来的聊天，C哥始终保持着平静淡定的表情，直接回答或指导了我关于交易上的许多问题和困惑，并且根据他自己多年的交易经验，讲了许多“C哥理论”。

C哥说：月线决定周线，周线决定日线，主力资金有能力控制和画出日线图形，但很难画出周线和月线技术图形。

这意味着周期越大，信号质量越高，所以我们要放弃小周期的日内交易，做日线级别以上的大周期。

开仓进场后，3天之内还是浮亏就必须平仓，因为你做的是趋势单，你开仓进场说明你觉得趋势方向已经出来了，如果3天还不能赚钱，说明你看的趋势方向是错的或者目前还没有趋势方向。

单子进场就要有明确的止损位置，亏损尽量早点止损平仓，盈利的单子说明趋势方向你判断对了，那么就要坚定的持有，多拿一段时间，这叫截断亏损，让利润奔跑。

日内的短线单子坚决不做，因为日内单子对于手续费消耗很大，人一天当中大脑始终处于高度紧张之中，会很疲劳，更容易亏损，这个市场不乏短线日内高手，C哥认为短线做得好的人，是艺术家，而我们只是普通人。

在交易获得大幅盈利后，要注意控制资金回撤，要清仓休息，休息是交易的重要组成部分，不会休息就说明还没有真正学会交易。休息的做法是，把账户资金全部撤出，防止账户还留有资金发生手贱单。

期货交易需要密切关注美元、美原油、美黄金、美精铜、美豆、美豆粕、美豆油、CRB指数等对于国内商品未来走势的影响。

还要知道美国农业部报告、美国能源报告、美联储议息会议、非农数据等这些对于商品的未来价格走势影响。

最后说了期货盈利肯定有方法的，慢慢练习，只要还有自己闲置资金做，总有成功的一天。

还说了很多有关交易技术细节，整整聊了3个多小时，几乎都是C

哥在讲述，我在聆听，偶尔我提出一些疑问，C哥也都逐一做了解答。

本来是没有计划一起吃饭的，可能是聊的开心，C哥也讲的痛快，我再次提出一起用餐时，C哥愉快地答应了。

第十三章　艰难曲折的学习之路(六)

很多人找老师学习有个误区，认为只要找了一位老师，就可以立刻获得稳定盈利的结果，实际这种想法是错误的。

你原来错误的交易习惯改变是有一个时间过程的，因为有惯性。

就好比一辆高速行驶的汽车，你想让它朝反方向行驶，必须直接踩刹车，虽然会最终停下来，但肯定还会朝原来行驶的方向滑行一段距离。

当然，当时作为学生的我也不例外。

虽然C哥不断地给我在交易上面做了辅导，我也加强了交易技术系统的学习，但原有的交易坏习惯短时间内还是难以改变。最大的问题有两个：

(1)喜欢亏损加仓。

(2)拿不住盈利的单子。

这两个交易习惯会导致做日线级别时，很容易亏损。为什么？

因为当时的止损意识已经加强了，有亏损单，一般都会很快止损。

但盈利单拿不住，通常盈利后有强烈的落袋为安的心理，促使自己在没有到达技术标准时也平仓，丢失行情。

然而，最大的坏习惯就是自以为是，有行情时，越亏越加仓，有时候会回来赚点小钱，更多的时候还是大亏，就这样来来回回几个月，10 万本金还是亏损了2万，但亏损金额和幅度已经大大小于之前。

这时因为手头刚谈好一个比较大的工程项目，有1500万的量，所以交易又暂停了，先去忙工程上的事情了。

因为之前有关工程做的比较少，所以对这个大项目比较重视，那段时间全部精力放在了工程项目具体事务的处理上。

这也是很多现货商和做生意的期货朋友容易亏钱和成长进步慢的主要原因，因为很多事务会打断学习和练习的节奏。

很快工程上面的盈利，让我对期货再次产生了厌倦，不准备交易了。

因为，虽然跟C哥学习了很多理念和一些技术技巧，但终究没有一套完整的交易系统，还是很难通过自己交易实现盈利的。

2013年7月，很久没有联系的C哥突然发信息给我，说他搞了一个QQ群，准备免费带我们几个在网络上交流比较好的网友，还说看到我们学习后也一直没有怎么盈利，想通过跟单交易的形式带带我们。

C哥说让我们每人准备5万资金学习就可以了，不要拿太多的钱，C哥人真的很好，很善良，心也很细。

很快天南海北的7位朋友都聚齐了，我记得第一单开仓空的塑料，时间是2013年7月8日，空单一如继往地开盘就空进去了，当天就有了浮盈，但第2天就回撤了，第3天开始浮亏了，第4天更是高开之后创出短期新高，我们全部在新高附近止损了。

我们群里的朋友都感受到了C哥巨大的压力，几年后我教学员做实盘交易并带盘时，终于体会到了C哥当年的压力了。

当一个善良的期货老师，想帮助学员或朋友喊单带盘时，其实承受了远比自己做错时亏钱要大的很多很多的压力。

因为自己做单和喊单与带盘完全是两回事，本来内心里是希望带别人赚钱的，结果事与愿违，变成了带盘造成别人亏损了，这种心理压力，只有做过的人才能真正体会到。

其实能够找你带盘的对你也是比较信任的，而且每个人心理都有准备，哪有一定每单都是赚的？

尽管跟单的每一个人都绝无怪罪的意思，但喊单者内心的这种自责感非常严重。

我后来也是花了整整几个月的调整才逐步走出喊单“自责陷阱”，想明白了盈亏同源，想通了你总是自责只会使问题更加糟糕，只有过了心理关，才能够喊好单、带好盘的，不是光有技术和有善良心理就行的，有的时候“麻木不仁”、“漠不关心”反而更有利于交易带盘或喊单。

那单止损后C哥非常自责，说：真对不住大家，喊单心理压力太大了，给大家造成了亏损，不能在再带盘了，于是退群了。

群里也不再像之前C哥在时那么热闹了，但并没有一个人因为C哥不再带盘而不做期货了，事实上群里所有人或多或少都从C哥那里学到或悟出了交易的一些门道。

这时的我，完全重新被带回交易中，那段时间实体经济越发的不理想，生意已经变得越来越难了，心里暗下决心，这次我一定要做好。

于是，我把C哥之前的交易记录再次全部复盘，仔细根据开平仓研究C 哥的开仓平仓依据，慢慢地有些开悟了，最后再针对自己的特点(拿不住日线级别的单子)，做出了重大调整：不做日线级别的单子，只做小周期的日内短线。

从7月中旬开始，我决定放下生意，认认真真地在家里做单，公司也不去了，生意交给我的职业经理人打理，只是在订货时根据铜价给个建议怎么调整库存。

最重要的是，当时太太也比较支持，太太说：你总是这样也不行，既然你放不下，那就索性放下一切，努力去做好它；既然你觉得自己很有信心，那就全职做吧。

有的时候家人的支持是特别特别的重要，家和万事兴，这次奏效了。

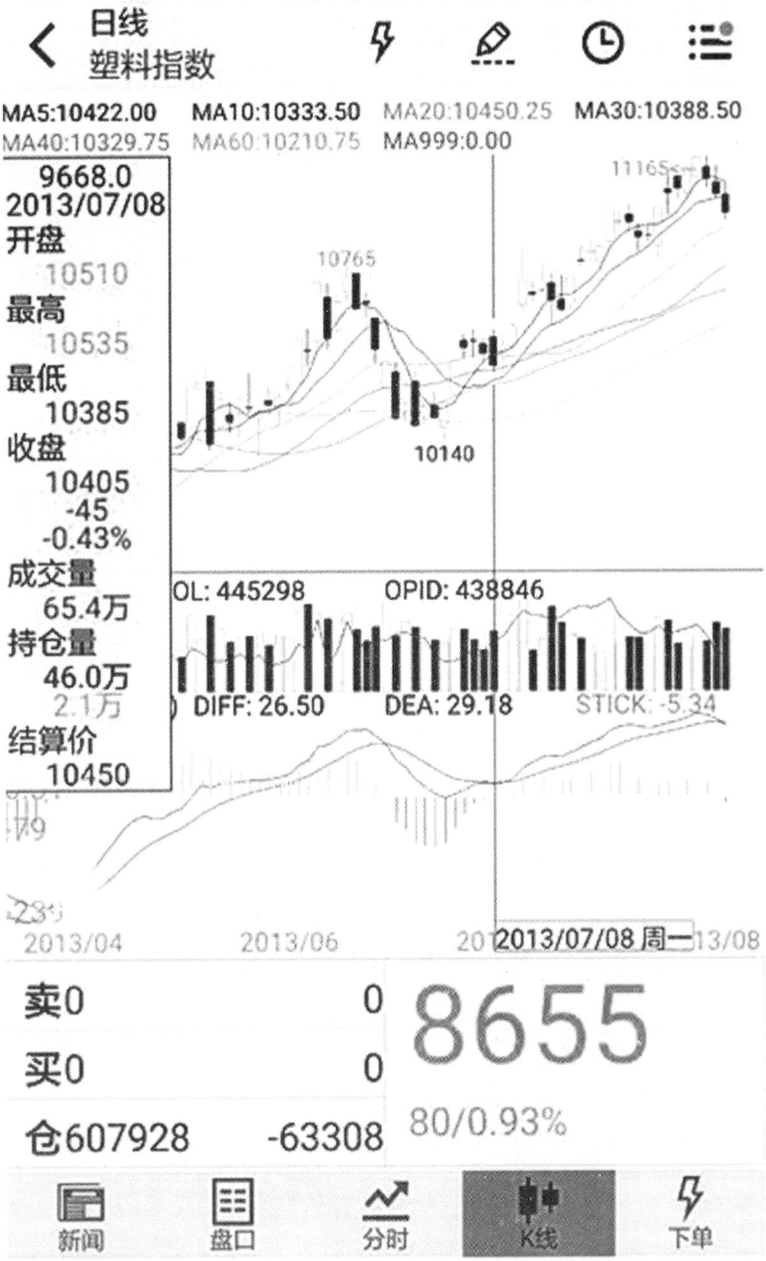

第十四章 终于盈利了

这次我并没有急于进场交易，而是先在家里静心思考了3天，决定根据自己拿不住日线盈利单的特点，只做日内短线，并且周期是5分钟级别的。

当时我的做法是这样的，只看5分钟的均线加MACD形态，价格在均线形态自己看的比较舒服时，开仓进场，一般30%～50%仓位不等，根据自己主观判断可能产生的行情力度决定仓位，止损放在5分钟周期的均线震荡图形的上沿或下沿。

开仓后3根K线走完还没有盈利就会止损，其他什么周期都不做。

止盈一般会随着开仓方向运行力度的缓急去分批平，止损则是快速平仓市价一次性走。

一天来回多空都做，不论品种看到哪个有机会就做，持仓不隔夜，有时一天做8单，有时一天做十几单。

让我惊奇的是，自从固定的只做小周期，我的胜率特别高，达到75%，也就是2周时间，资金盈利30%(其实也就是5万资金的30%，所以只看收益率是没有意义的，还要看它是多大规模下的资金产生的收益率)，中间几乎没有什么回撤，那段时间每天都是赚的。

于是追加资金5万，还是盈利，又过了2周，再次盈利总资金的30%，这时资金达到了15万左右，回撤依旧不大。

这时又追加资金10万，达到25万，但这时心理明显产生变化了，因为连续两个月的盈利，这是之前没有过的，同时并没有什么明显的回撤，这时认为自己终于成功了，可以在期货市场里面赚钱了。

实际这是一种小鸡啄米式的累积盈利，如果一直坚持下去，可能也会慢慢累积起来，但作为当时已经40岁的我其实是不可能的，因为年龄太大了，这种盈利模式是不可持续的。

因为每天盯盘时间过长，加上自己是高度近视，眼睛特别累，就想把周期放大点，于是在做一些单子时选择了隔夜去赌，选的品种是白银。

那时白银已经和黄金都开通了夜盘，并且白银的特性比较活跃，所以当时比较喜欢做，但也正是因为做了夜盘白银，才造成了后期坠入人生黑洞差点儿爬不出来的可怕事情。

10月份开始，因为之前两个多月盈利概率特别大，资金增加后，心态也发生了变化，以为自己掌握了包赢技术，一种想赚快钱，赚大钱的心态不由自主的如青藤一般蔓延生长开来。

25万的资金已经不满足于30%或50%的开仓了，我想赚钱速度更快些，于是逐步放大到60%、70%、80%的重仓仓位，并且主做橡胶和白银两个品种，很快2周又盈利了5万，但回撤和资金波动率开始加大了，第三周的一天，记不得什么原因，满仓开多了橡胶和白银，并且那天亏损时没有平仓，当时盘感告诉我，白银晚上要涨，依据仅仅是自己的盘感。

所以在白盘时间，白银下跌时，主观没有去止损，而是越跌越加仓多单，橡胶也是完全乱了，最后满仓持有白银和橡胶多单隔夜了，浮亏5万。

这等于2周的盈利一天就亏回去了，而且还有继续扩大亏损的可能，在收盘后我立刻意识到自己的错误，开始惴惴不安起来，脑袋不停地想，为什么没有平仓呢？

这是亏损加仓的老毛病又犯了，并且到了止损位置还没有止损，这时我心里隐约觉得有点儿害怕了，这样的模式最终结果可能还是亏损。

在坐立不安中挨到了吃饭时间，太太问今天交易怎么样，自己还硬挤出笑容，装作很轻松的样子，还好，小亏一点。

其实心里已经隐隐地在发抖了，不敢想象晚上白银夜盘开盘后的情景。

下午6点，忍不住打开电脑看了一下外盘，心里一疼，牙关一咬，外盘又往下跌了1.5%，账户等于又多亏了钱，心里更是懊悔，要命的是，还有继续下跌的趋势，心里此时更是没有底了。

想着想着感觉冷汗都渗出来了，心里已经开始算究竟可能要产生的最大亏损可能会超过8万了，这还不包括明天可能继续亏损的橡胶。

这样就等于3个月的盈利，因为错误的交易习惯复发(实际原因是没有标准：开仓标准、平仓标准、资金管理标准、以损定量标准，所以还是会乱)，导致一天之内不但全部还给市场，还要倒亏。

就在自己高度紧张时，突然外盘白银大幅反弹，不但把亏损全部扳回，还盈利约2万，顿时喜出望外，暗自得意，看来还是自己的盘感准啊！开盘后立刻平仓，盈利22000元。

事后看，前后都做错了，亏损加仓错，盈利立刻平仓也是错，因为都没有按照标准做，主要还是当时自己没有标准系统的原因使然，完全凭盘感主观判断去开平仓。

第2天，橡胶依旧是亏损的，也是开盘就止损了，亏损2万。

但随后的交易，再也没有稳定的像之前那样盈利了，每天重仓做白银，这时不敢隔夜了，白天做，晚上也做，反正就是只要看到5分钟周期有机会，多也做，空也做，不知什么原因，原来的好运气和好的盘感用在白银上面不灵了。

实际原因是那段时间自己的持仓时间更短了，做的乱了，最关键的是每天高度紧张兮兮的做单，从来不知道休息。

虽然不亏什么钱，但也不赚钱，心情在这种上上下下的折磨中也越来越坏。

时间很快来到了11月，由于连续3个多月的高强度重仓每天日内短线的做单，而且是白天晚上都做，甚至很多时候做白银到夜里1点，现在想想这就是找死的节奏啊，睡眠变得越来越差。

第十五章　和躁郁症的抗争(一)

为什么会睡眠差?

因为之前多年创业时，经常会遇到很多问题需要应对和思考，睡眠自然时常会很差。

连续几个月的高强度重仓位做日内短线，对我的脑神经睡眠系统造成了极大的损害。

你想，因为仓位比较重，那么赚钱速度肯定很快，同样亏钱速度也会很快。

一天又是多次交易，资金在一分钟之内可能会来回波动几万，后期，上下可能来回波动达10万，时间一长，情绪和睡眠就出了大问题。

那时，情绪特别不好，动不动就跟家人发脾气，我女儿说，回家看老爸脸色就知道他今天是赚钱还是亏钱。

赚钱时极度兴奋，亏钱后又会变的特别沮丧和郁闷，有时一天当中这两种情绪如荡秋千一样来回好几次。

终于在这种高度紧张的环境下，问题爆发了!

11月20日的那天晚上，在交易平仓后，休息时已经凌晨1点了，一般这时，躺在床上，大脑还处于交易的兴奋当中，实际进入深度睡眠一般要1个小时，也就是你1点钟决定休息时，实际真正深度睡眠可能是在2点甚至到3点。

因为交易时大脑交感神经高度兴奋，要么赚钱兴奋的睡不着，要么亏损后悔的睡不着，总之是各种原因的睡不着。

那天晚上可能是因为盈利后特别兴奋，这种兴奋和以前的兴奋不一样，是那种仿佛打了兴奋剂一样完全没有睡意，就这样眼睛一直睁着到了早晨。

洗漱完毕后，稍微有点儿困意，但躺在床上怎么都睡不着。

到了8点，习惯性的点开外盘看盘，觉得头痛，眼睛发胀，难受的很，但还是坚持看到内盘开盘，那天破天荒的白天只做了两笔交易，上午一笔，下午一笔，更奇怪的是，中午没有休息，下午依然没有睡意。

当时也没有在意，到了晚盘交易时间，又做了几笔交易，还是有点儿兴奋，那天刻意地在晚上10点就休息了，但躺在床还是没有睡意，感觉过了很久，起床一看才12点，自己觉得很纳闷儿，不知道什么原因。

那天晚上迷迷糊糊好像浅睡了3个小时，4点多就又醒了。

第2天在看盘时，脑袋比昨天更痛了，感觉不想交易了，于是看看新闻、电视、电脑等，就这样挨到了晚上，晚盘就没有看，休息了，也不知道大脑在想什么，就感觉在高速运转。想什么呢？

不知道，反正就是乱想一气。

就这样，一周时间过去了，脑袋越来越疼，晚上几乎没有睡，那时就想好好睡一觉就好了，安眠药吃了后好像更清醒了，完全没有作用。

太太反应比较快，说：你可能是生病了。

我说怎么可能，好好的怎么可能生病呢？

终于再也忍受不了这种半夜眼睛瞪着天花板无法睡眠的痛苦，去看医生了。

先是在一家普通医院内科看的，医生问了情况，说有没有服用安眠药，听到回答说无效，那位医生立刻说道，你这个情况赶紧去南京脑科医院的睡眠科看看。

我们又赶紧去了位于南京鼓楼区广州路的脑科医院，先是挂了睡眠科，睡眠科的医生详细地问了情况，当时我已经头痛的手捂着不放，连忙说道，不管采用什么方案，赶紧让我先睡一觉。

你看，当人们天天追求着什么所谓成功的时候，忘记健康的重要性，当疾病发生的时候，我们的要求仅仅是能够顺利的睡眠，造成这种情况就是因为我们太贪婪了，我们对于物质的要求太多太多了。

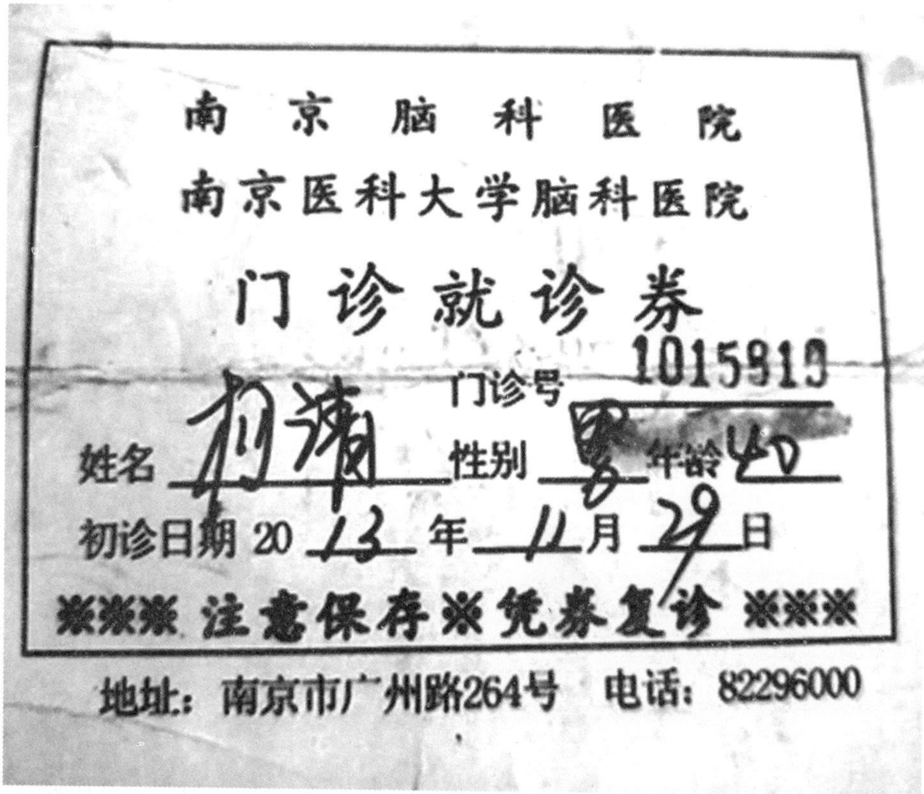
南京脑科医院
南京医科大学脑科医院
门诊就诊券
门诊号
姓名 性别 男 年龄 40
初诊日期 2013 年 11 月 29 日
※※※注意保存※凭券复诊※※※
地址：南京市广州路264号 电话：82296000

第十六章　和躁郁症的抗争(二)

睡眠科的医生说，你现在这种情况属于精神疾病，需要去精神科看。

啊？我得了精神病，这太不可思议了！

当时也管不了许多了，立刻抱着脑袋去了精神科，医生了解情况后，和颜悦色地说道，你这个没有什么问题，先上楼办理住院手续，住几天院就没事了。

事后才知道，医生为了缓解病人和家属情绪，并没有把问题说明，实际情况是：非常严重！

办好住院手续，上了脑科医院住院部的7楼(精神科楼层)，大门是一个很宽很厚重的防撬门，还有两名保安把守，跟重刑牢房监管差不多的那种感觉。

刚好有个单间病房病人出院了，我住在了一个条件比较好的单间病房里面，服用药物后(这种药物叫奥氮平，只有脑科医院才可以开，药房和一般医院是没有的)终于睡过去了，一睡就是两天，中间醒了后除了吃饭和去一下洗手间，余下时间都是在睡觉。

一周后脑袋不疼了，但不服用药物还是无法睡眠(交感神经受到严重损害了)，这时也知道自己得的是什么病了，得的疾病叫躁郁症。

这种病的严重性是：它属于精神疾病一种比较难治的，叫双向情感障碍症，是躁狂症和抑郁症的结合体。

这种精神类疾病的特点是：难以治疗，易于复发。

为什么难？顾名思义，双向。就像期货同时存在多与空两个交易方向一样，期货比单向市场的股票盈利难度更大。

后来我回忆，这种病感觉最大的难点在于，医生只能根据病情来开药，而出院后的药物服用剂量和调节需要患者自己把握。

这样就导致这种病的治疗效果普遍不佳并且复发率高。

因为是双向情感障碍症，医生开出的药包括治疗躁狂症的奥氮平和治疗抑郁症的左洛复两种药及其他辅助睡眠恢复大脑神经的药物。

这两种药的服用和调整医生在医院可以把握，但出院回家后，只能由患者和家属自己把握了。

难点在于，治疗躁狂症的药吃着吃着就变成抑郁症了，然后再服用抗抑郁症的药物，吃着吃着就又变成躁狂症了。

这就好像一个天平的两端砝码，你要不断调整两边的药物剂量，控制大脑处于一个平衡状态，这个就只能由患者自己精细地去把握了。

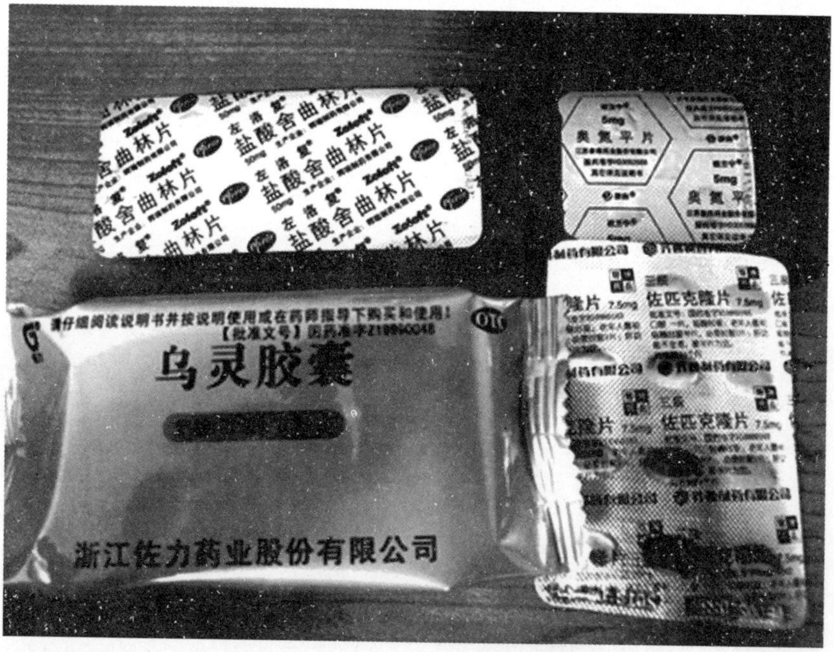

第十七章　和躁郁症的抗争(三)

有时候真是觉得自己的人生经历太丰富了，还得了精神病。

但这样的经历在日后的教学中发挥了很大的作用。

后来在知难行易系统课程第四期，有位学员只是让我说话的声音小点，说声音太大，脑袋疼，我就立刻敏锐的知道他是得了精神疾病引起的睡眠障碍，罪魁正是短线交易(后面会有详细描述)。

好在自己从来不讳疾忌医，并且详细的搜索了这种病因的生成与治疗方案和办法，很顺利的在15天后出院了。

在住院的那15天里，突然对于人生有了特别的感悟，这么多年自己追求的东西和方向好像都错了。

看着形色各异的精神病病友们，很难想象我也是他们中的一员。

难道这么多年努力奋斗的结果就是来这里“体验深造”一下？

我不禁回头看看自己走过的路。

多年以来，凡事力争第一，凡事力求完美，但每次赚钱目标完成后，新的目标又接踵而来。

开始住着平房，想着赚钱后换楼房，换了楼房后要买车，买了车后要换好车，换了楼房后要买商铺，买了商铺后还想实现更多的理想。

好像永远停不下来，完全不管身体是否可以承受，不管家人什么感受。

那段时间出院回家后，一直在休息，思考人生。

根本就没有做交易的欲望，对日内交易也更是没有了任何的兴趣，同时对于曾经的亏损也完全的放下了，再也没有想快速赚回之前亏掉钱的欲望了。

在随后的8个多月时间里，我一般都是自己控制药物剂量和根据自己实际情况做出调整，逐步降低对药物的依赖性，终于可以做到不再依赖药物就可以安然入眠了。

经过这次生病后，我的人生观发生了重大变化，觉得赚钱已经不再是最重要的事情了，最重要的事情是家人安康，和降低欲望好好的、健康的活着。

钱赚多少才能满足？

实际上一个永远不知满足的人，赚多少都不会满足。

这么多年创业和做交易总是快乐的时间少，烦恼的时间多，原来是自己追逐的方向从开始就错了。

自此，整个人心态完全放松了下来，到了2014年8月，又投入了20万资金开始做期货了。

这个时候做期货已经完完全全没有任何暴利思想了，只做日线级别，不做短周期，更不做5分钟那样级别的短周期了，虽然之前用这个周期做一直是盈利的。

也没有想着说赚多少钱的概念，就是为了检验一下自己目前的心态对于做交易有什么变化，反正钱也不多，纯粹玩了。

第十八章　创立知难行易稳定盈利系统

当一个人的思维改变的时候，做一些以前做不到的事情就会变得很容易。

所以在后来的知难行易系列课程中，我更加注重的是“道”的教学，我从自己的交易学习和自悟过往经历中深知：要想改变一个人的交易行为模式，必须先改变一个人的思维模式。实际一个期货老师帮助学员要做到这样的改变还是很难的。

只有让学员真正知道、领悟、理解期货交易暴利思想的危害，就很容易做到按照系统标准交易，获得稳定盈利的最终结果——知难行易。

实际上一个老师要改变学员的思维模式还是很难的，但不断地强化训练还是可以完成的。

我用的是一种得了精神病后的自悟模式，改变学员则是通过知难行易系列课程不断灌输稳定盈利理念后的领悟模式。

2014年8月29日，为了检验自己是否通过自悟可以做好交易，我特意在挑选交易品种中找了一个之前自己觉得最难做的品种：铜。

那天技术指标已经符合我的空单标准，我在尾盘收市前5分钟以49650的价格做空2手进去。

之后的几个交易日都在横盘，但很清晰的可以看出，价格一直是在所有均线之下横盘，同时MACD的绿柱也在慢慢放长。

9月10日，开盘就低开，开盘价为49340破了震荡整理的下沿最低价，这时我毫不犹豫地加了1手仓，总计持有3手铜的空单。

这次做单和以往大不一样，完全没有了之前的各种急躁情绪和单子进场后急于盈利离场的想法。

已经盈利了，并且技术形态非常符合空单标准，仓位对于20万的资金也属于合理，加仓后约30%仓位，然后就是一直持有。

止损价格也由开始的50850下移到加仓后的50030，但那时并没有设置价格条件单止损，因为我的仓位并不重，我认为完全没有必要设置，而且我当时只做这一个品种，每天下午收盘前观察一下，没有有效突破止损位置我就一直拿着。

正是这样的心态和止损策略，有效的规避了顽皮的铜突然一次诡异的强烈反弹。

在连续几天下跌后，从最低点47490开始反弹(技术图形显示，这只是反弹)，我反正就是每天下午收盘前看一下，晚盘基本不太看，怕影响睡眠，或者晚盘就是瞄一眼，不过多关注。

9月17日晚盘，那天晚上我没有盯盘，如果盯盘的话，肯定止损了，铜价突然大幅发力反弹，在极短的时间内，竟然打到了涨停板，随后又急速回落至涨幅只有1.5%附近。

可想而知，如果当天晚上盯夜盘的空单会被吓尿了，短线可能反应不及，一次就被拉爆了。

那天的最高价50920已经突破所有空单的止损位置，因为前高只有50850，这意味着所有设了条件单止损的空头会被全部打出来。

幸好，这次无论从技术分析，仓位管理和心态都与之前完全不同，既没有设置条件单止损，也没有任何的惴惴不安，更没有急于兑现利润的想法。

表现令我自己感到非常满意，知道这次是真的是摸到门边了。

第2天早晨起来看了一下盘，不禁笑了，这是什么情况，触发了涨停板。

仔细看了一下日线的形态，觉得还是可以继续留仓，这只是一个由于连续触发空头止损单，导致多米诺骨牌一样的触发涨停板，并不是多头增仓导致的行为，趋势还是空。

趋势没有改变，就不能平仓离场，并且那天触发涨停后的回落下来的价格还处于我的空单建仓成本价之下，这就更没有理由平仓了。

那就拿着呗，之后几天的走势完全符合我的判断，铜价继续下跌，但跌的并不流畅，是属于一种重心逐步下移的震荡式下跌。

我也耐心的一直持有，并不着急离场，最后平仓是在10月29日，平仓价格为47800。

这单虽然盈利不多，总计2万多一点，但较之前的交易已经有了很大的改变。

(1)进场出场都是按照技术标准做的。

(2)仓位管理也是按照事先的计划执行的。

(3)耐心持有单子达到两个月。

这几点都是之前无法做到的，但交易完整结束后自己越发感觉做的还是很粗糙，觉得必须要在技术分析的层面多拜师去学习。

接下来的一年时间里，什么和讯网、《期货日报》等媒体主办的现场培训，各期货公司媒体网站主办的公开课，各种科班出身老师和市场野路子出身老师的课程培训几乎都能够看到我学习的身影，参加培训费用花了有十几万。

经过全面系统的强化学习后，对于市场和技术系统标准有了比较深刻的理解和认识，自己终于创立了一套非常适合普通投资者，特别是没有多少时间盯盘的交易者一种稳定盈利的系统全套标准。

我把它命名为：知难行易。

这个系统标准的最大特点是：能够让一直亏损不能盈利的交易者，迅速获得一整套技术系统标准，包括品种方向的选择判断、开仓、持仓、平仓标准依据，以及资金管理标准等，只需要学习两天的标准，后面就是不断的强化训练，可以获得盈利的初步交易结果。

知难行易系统标准技术系统是一种单一策略标准。为什么只是一种单一策略标准呢？

因为对于绝大多数投资者来说，自己没有多少时间盯盘或因为家庭事务工作事情牵绊太多，没有多少精力学习，那么这时简单的单一策略就变成交易者的首选。

这种方法适合绝大多数人。易于学习、易于掌握、易于执行，普适性特别好。

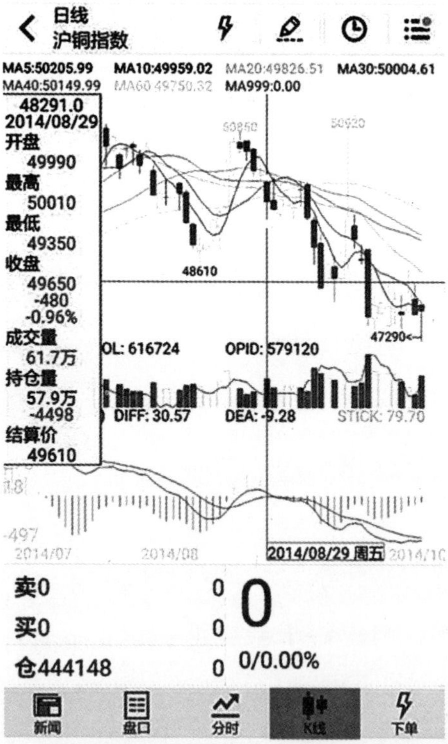

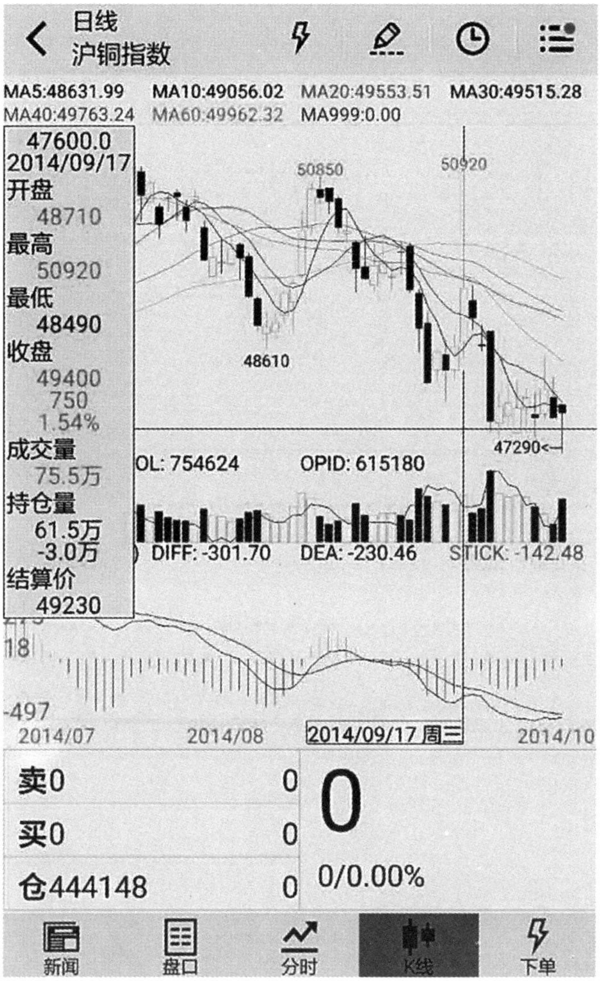
日线
沪铜指数
MA5:48631.99
MA10:49056.02
MA20:49553.51
MA30:49515.28
MA40:49763.24
MA60:49962.32
MA999:0.00
47600.0
2014/09/17
开盘
48710
最高
50920
最低
48490
收盘
49400
750
1.54%
成交量
75.5万
持仓量
61.5万
-3.0万
结算价
49230
50850
50920
48610
47290
OL: 754624
OPID: 615180
DIFF: -301.70
DEA: -230.46
STICK: -142.48
-497
2014/07
2014/08
2014/09/17 周三
2014/10
卖0
买0
仓444148
0/0.00%
新闻
盘口
分时
K线
下单

第十九章　股灾后的决定(一)

当时我的系统交易标准创立后，想法完全是和C哥当年的一样，自己使用，不对外公开的。

但后来发生的一件事情，改变了我的想法。

这就是股灾！

2015年3月，一位期货班的同学，南京的W总，打电话给我，说有时间去他公司聚聚。

我和W总的缘份就是通过连续3次的期货现场培训结下的。

第一次是在2013年10月和讯网在上海主办的期货实盘大赛颁奖会场。

当时我们俩都在现场，颁奖结束后，嘉宾有分享环节，实际这就是一种免费的培训过程，听的多了，运气好时就会突然产生灵感自悟。

第二次是在2014年一位著名的期货前辈在上海开设的公开课现场，当时因为是第二次见面，相互只是交流了几句，并没有留联系方式。

第三次是参加现在名气很大的一位老师的课程，我们刚好分在一个组，他是总经理，我是风控。

两天高强度的学习迅速拉进了我们的距离，回程时是我搭他的车，自然的彼此留下了联系方式。

在这里我建议做期货交易的朋友们，特别是还处于亏损阶段的交易朋友们，你们要多参加培训课程，怕花钱的就参加一些免费课程，或者一些收费很低的课程，并且在课程上尽量找到和你一个城市的投资者交朋友，这非常重要。

因为期货交易本身是一个小众行业，做的人本来就少，会使你和一般人交流没有共同语言，但有了期货圈的朋友就不一样了，不但平时可以聚聚聊聊期货，关键是你朋友做交易的一些技术特点你学到后，是比参加培训班的效果还要好的。

接到W总的电话后，我赶到聚会地点：位于中山陵的一座高尔夫球场。

我一看除了W总还有两位朋友，经W总介绍，一位是银行工作人员，还有一位是W总的老师，X老师。

X老师是一位期货证券行业的前辈，年龄比我小几岁，但他拥有20多年的专业交易经验。

X老师是典型的高智商人才，是南师大毕业的研究生，X老师因为酷爱交易，十几年前辞职后，独自在家里交易。

X 老师是期货证券两栖资深交易者，他对于股市大盘的盘感特别灵。

简单交流后，因为当时的股市比较火爆，W总的意思是想让我们3人组建一支规范化的交易团队，分工股票策略、期货策略，下单和风控分开。

由W总和X老师分别提出完整的交易策略，通过3人讨论后决定是否下单(两人同意即可)，由策略制定者下单，下单后由我按照交易计划执行风险控制和平仓动作。

当时我也是准备今后选择往金融交易方向走，那么现在有这样一个机会团队交易，会对自己的能力提升有很大的帮助，并且团队交易可以规避很多风险。

很快方案出来了，准备每人各投入资金200万，总计600万来做一个自有资金的小型私募。

4月16日资金到位后，股票和期货分别建了仓位，之后逐步加仓到了最多40%的仓位，盈利也很快到了总资金的15%。当时主要股票建仓都是偏市盈率比较低的大盘蓝筹股票，并没有去追涨小盘股，所以收益率一般。

我们当时的主导思想还是以稳健为主，6月16日，股灾开启。

2015年6月16日X老师自己账户里面持有的IC多单、IF多单全部在集合竞价期间平仓止盈了（盈利非常大），后来他说，当时有强烈的盘感告诉他，危险！

但是，因为我们的股票持仓和期指多单都是严格按照事先制定的策略在执行，并没有全部平仓。

后面接着几天，资金快速回撤，但还是有盈余的。

问题出现在6月18日的单子上，当时W总和X老师还是认为这是牛市的回调，理由是上波牛市是这样回调的，这次大盘股还没有创出新高，后面应该是蓝筹股要表现了。

我却是另外一种不同看法，前期连续杀跌两次后又急速拉回来，这次是第三次杀跌，大盘震荡剧烈，多头筹码已经有所松动，市场已经处于危险的可能继续上涨、也可能大幅下跌的模棱两可的环境中，并且越来越多的数据显示，新手开户数量持续增加，有可能盛宴就要结束了。

但牛市思维的惯性决定了长期在股市多头思维定式的交易行为，一定还是继续买，并且是扩大仓位买。

6月18日经过研究，买入了5只市场强势股票（主要是电力和高速板块），并且在上涨过程中做了加仓动作，6月19日再次做了一些加仓，总仓位接近40%。

在做这单计划期间，我是极力反对的，不是反对买这些股票(技术图形完全符合，没有什么问题)，我反对是在目前的市场大势中不应该买这么重的仓位，应该最多不能超过20%。

但是游戏规则是两人同意就可以开仓，并且开仓权利是由策略制定者执行的。不过，好在两位策略制定者都是多年的老手，把止损位置和可能产生的多种应对措施都写的很详细。

又是盈利加仓，又是持有的股票强于大盘，似乎风险要小很多(实际这次策略制定的非常周密，问题出在仓位大了一些)。

6月19日收盘，大盘大跌6.42%，我们持有买入的5只股票，4只涨停，一只涨幅9.8%。

约等于全部涨停。怎么样？牛吧！

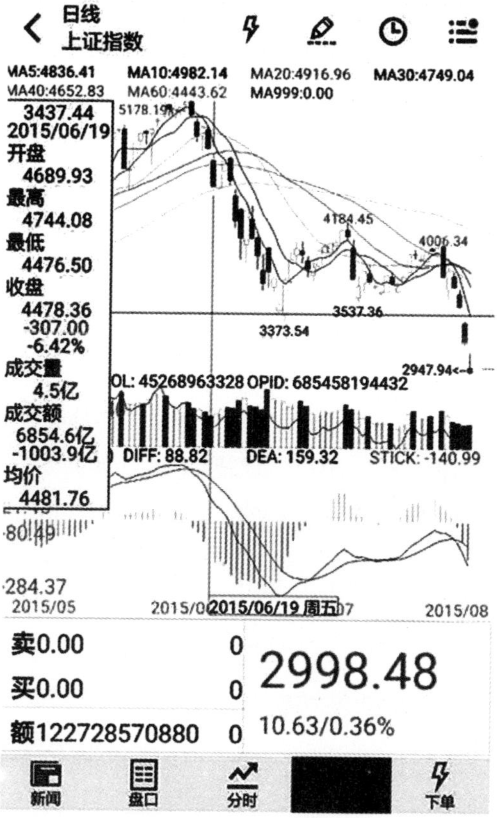

第二十章　股灾后的决定(二)

可是过了一个周末在周一开盘的时候，大盘低开下砸又回涨期间，所有前期下跌股票反弹，而我们持有的几只股票全部低开直接往下砸。

这是典型的强势股补跌，主力资金逃跑了，我们按照事先制订的计划，逐步减仓撤退，至收盘，减了大约20%的仓位。

这20%的仓位基本还是处于成本价上方，属于盈利的，但因为大盘当时已经在60日均线附近止跌收了一根阳线，所以按照计划，留了20%仓位。

但不妙的是，收盘时5只股票中4只跌停。

第2天在大盘继续上涨2.48%的时候，这5只股票竟然有4只开盘一字板跌停。

我们只有全部挂跌停板去止损了，即使在开盘集合竞价时就挂了跌停板价格卖出，但也只是部分成交，第3天还是一字板跌停。

第4天再次大幅低开，我们立刻开盘集合竞价全部平仓止损了。

最后一计算，就是这最后20%仓位的止损，造成了总资金不但盈利全部回吐(之前就已经大幅回撤了)，还倒亏损5%。

这次事情大大震撼了我，W总和X老师还是在市场里面做了20多年的老手，尚且在惯性思维模式下做出了错误的仓位选择，在如此周密细致的策略和坚决执行策略的风险控制下还产生了不小的损失。

那如果是普通交易者该要亏损多少？

接着那几天的新闻到处是谁谁破产，谁谁融资被打爆，谁谁轻生自杀的消息不绝于耳。

看到这些，想想C哥之前的经历，想想自己之前的交易痛苦过程，觉得我们国家的投资者风险教育太缺乏了，我觉得我应该可以为此做些什么。

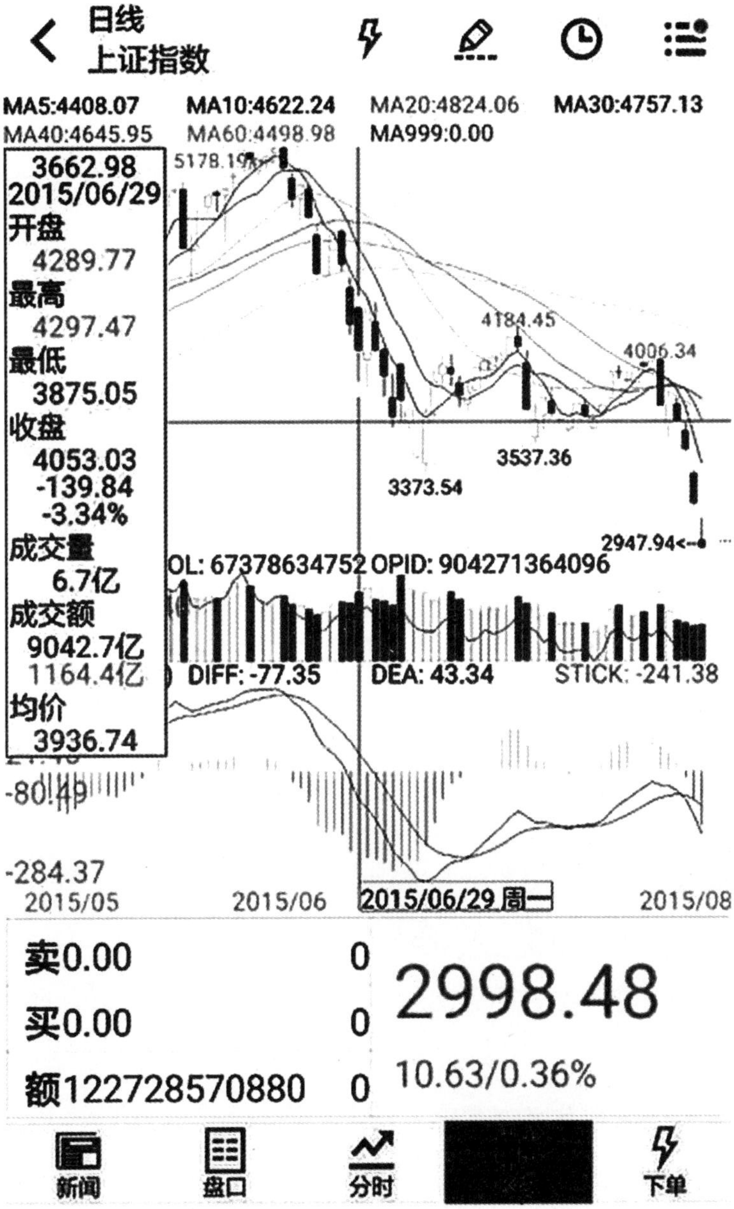

第二十一章　知难行易投资智慧第一期课程开班

自从股灾发生后，我对一些事情大彻大悟。

我做了一个决定：我要开班讲课，帮助更多的投资者改变暴利思维，规范交易行为，实现最终稳定盈利的目标。

当我把这个决定告诉W总时，他的第一反应是这样的：啊！你要讲课啊，你怎么讲课？

你既不是期货大赛的冠军，又没有管理过大型的基金，换言之，你在这个市场上面并不是成功的人士，并没有赚过大钱啊？

你凭什么在市场上面教别人，你又有什么可以教给别人的？

其实W总并不了解，我除了参加过金融培训外，还参加过几十场企业管理、个人能力、演讲口才、团队建设、营销策划等多项专业培训，总计花费30多万，培训费用比金融培训费用更多。

另外，我自己参与过的行业几乎伴随着20多年来的社会发展，涉足很广：食品、贸易、工程、建材、工厂、地产、汽车等，社会经验丰富，更容易深入了解各种行业学员和各类从事不同工作的学员，可以做好对学员针对性的一对一指导。

最重要的是，我是经历过期货市场各种痛苦的普通交易者，那种痛不欲生的、交易无法突破的黑暗感觉使我永生难忘。

因为我觉得我是这个金融市场里面比较笨的一类投资者，像我这样的笨人可以通过学习获得交易的稳定盈利结果。

那么，我把自己的学习经历和交易训练突破后的自悟过程浓缩，把交易思想和系统标准教给还在黑暗中摸索的交易者，我觉得更易于使学员接受和改变。

特别是对于这个市场的绝大多数投资者，都是和我当初的情况差不多，学习和交易的时间并不多，很难靠自己摸索到期货交易稳定盈利的核心。

自悟和点拨开悟完全是两种感觉，前者痛苦而漫长，心里根本没有底气，越交易，越压抑。

后者轻松而惬意，有老师在身边，无论遇到什么交易状态，基本上几分钟点拨后豁然开朗，越交易，越容易。

在众多的质疑中，我做了这样的准备工作，为了检验我的课程系统是否对绝大多数人具有普适性，我没有盲目的立刻在线下开班，而是把第一期放在了线上的微信群讲课。

因为之前在朋友圈和各大网站期货论坛结识了许多朋友，当第一期知难行易投资智慧免费课程(含实盘教学)发布出去后，立刻引来全国许多网友的报名。

2015年7月1日，知难行易投资智慧第一期学员群组建完毕，共有全国20个省24名学员参加这期的学习。

每天我在群里讲述：期货交易稳定盈利的系统知识和期货交易亏损的真正原因。

当时学员反响一般，我后来分析主要原因是，这些改变交易思维模式的理论课程，如果不在现场的话，讲起来比较难以接受。

可能因为我不是期货行业的“马拉多纳”，没有期货比赛冠军的行业影响力。那好，那我就做期货行业的“穆里尼奥”。

百度百科

君要知道知难行易的道理，可以参考我的学说。

知难行易论,是孙中山转变中国传统思维方式以实现自己的理想而创立的哲学理论,被孙中山喻为自己“发明”的学说[1]。

中文名	知难行易
外文名	difficult to know and easy to do
注音	zhī nán xíng yì
释义	懂得事情道理难，而实行比较容易
出处	孙中山《民族主义》

基本释义

【释义】：懂得事情的道理难，而实行却比较容易。

第二十二章　期货行业的“穆里尼奥”

何塞•穆里尼奥是一位足球教练，足球狂人，分别带领过四支不同国家的球队夺得本国顶级联赛冠军，带领过两支不同的球队夺得过欧冠冠军。

他个性鲜明，举止张扬，是当今足坛最具争议和最成功的教练员之一。

我印象最深的是：三跪惊天下！是一位在球队获胜后，给弟子下跪膜拜感恩弟子的教练。

我是这样理解的：他事业的成功是因为这些弟子的成功而成功的，所以才会给弟子跪拜。

穆里尼奥是一位成功的教练，但在自己做球员时，却一直在葡萄牙低级联赛踢球，是一个默默无闻的小角色，但这并没有妨碍他成为一个伟大的教练。

鲜明对比的是：足坛世界级的超级球星——球王马拉多纳，是一位巨星，他可以让意甲弱旅那不勒斯在其加盟第三年就获得意甲冠军，凭借一己之力带领阿根廷队获得1986年墨西哥世界杯冠军，1990年意大利世界杯亚军。

但这样一位足坛超级巨星，在运动员生涯无比辉煌，教练员生涯却是极其黯淡。

他从1994年开始执掌教鞭，从来没有取得过任何联赛冠军，甚至前三名都进入不了。

执教阿根廷国家队，2010年世界杯，更是在四分之一决赛中0：4惨败给德国队。

这说明竞技体育运动，一位好的运动员不一定就是一位好的教练员，一位成绩差的运动员不影响其成为一位优秀的教练员。

冠军运动员是要有天赋的，不是你想通过努力就可以做到的，而冠军教练员是完全可以通过后天的努力获得成功的。

基于这样的逻辑和心理暗示，我把自己定位为一个在期货教育行业里面的“穆里尼奥”。

我不是优秀的“运动员”，我没有过往的期货大赛冠军头衔，但我完全可以帮助学员获得稳定盈利的结果，用学员的成功来成就自己。

所以我开始的教学初心很明确，是把教学聚焦放在如何帮助学员获得稳定盈利的结果上。

所以课程一直在不断升级，自己不断学习提高教学内容，并且升级后的内容免费再教给每一位老学员。

我个人认为期货是一个永远需要学习，永远需要不停提高自我的行业。

知难行易课程从一开始就实行道与术的结合教学，并且有很多的实盘带盘的教学过程。

不定期的给学员发送一些重大期货投资机会，并直接把这个交易机会品种的整套交易策略毫无保留的送给学员。

目的只有一个：让学员获利的同时思想获得，让学员思想获得的同时账户获利。

我崇尚的是：一次授课，一生朋友，亦师亦友，同进共赢。

因为金融投资风险巨大，金融行业最大的风险在于，你不知道风险会在哪个阶段等着你，以及出现风险后的应对方案措施。

而我的角色就是在学员遇到自己不熟知的风险后，帮助学员疏导和规避，从而在这个残酷的市场里，健康长久的活下去。

何塞·穆里尼奥

🔈 听语音

同义词 穆里尼奥一般指何塞·穆里尼奥

何塞·穆里尼奥（José Mourinho，1963年1月26日—），葡萄牙职业足球教练。现任英格兰足球超级曼彻斯特联队主教练。

穆里尼奥1990年开始在葡萄牙阿马多拉以及塞图巴尔
穆里尼奥1990年开始在葡萄牙阿马多拉以及塞图巴尔
俱乐部担任助理教练，精通八国语言，1992年起担任名帅博比·罗布森的翻译，2000年正式成为主教练短暂执教本菲卡队，此后穆里尼奥作为教练带领四支不同国家俱乐部球队（波尔图、切尔西、国际米兰、皇家马德里）夺得8次顶级联赛冠军、11次国内杯赛冠军、2次欧洲冠军联赛冠军和1次欧洲联盟杯冠军，其中包括2009/2010赛季带领国际米兰夺得三冠王伟业，穆里尼奥曾创造9年150场联赛主场不败纪录。

穆里尼奥先后获得葡超、英超、意甲、西甲四国联赛最佳教练，并四次当选欧洲足球协会联盟年度最佳教练，四次当选国际足球历史和统计联合会（IFFHS）世界最佳教练，荣膺2010年度首届国际足联金球奖世界最佳教练，共九次成为《法国足球》年度世界足坛教练福布斯收入第一名。

2016年，穆里尼奥斩获4项吉尼斯世界纪录，分别为2004/05赛季创造英超最高积分（95分）以及最少失球（15球），又创造了英超联赛主场不败的记录（77场）。穆里尼奥也成为欧冠执教场次达到100场的最年轻教练，49岁零12天。

第二十三章　激浊扬清初见成效

2015年7月1日，我从来自全国报名参加的200多人中挑选了20个省的24 名学员，年龄和资金量各不相同。

为什么要从那么多省份中挑选出年龄和资金量不同的学员，因为我想看一下系统是否具有普适性。

我先是建立了一个群，开始在群里讲述期货交易造成很多投资者亏损的原因，以及怎样做才可以稳定盈利。

讲述为什么我们要摒弃暴利，为什么我们要追求稳定盈利，稳定盈利的好处在哪里，暴利的坏处在哪里等。

我从自己的交易经历开始，到从历史上追求稳定盈利和追求暴利的两位代表人物巴菲特和利菲莫的交易人生过程以及最终结果，讲述我们普通交易者应该追求稳定盈利的核心道理。

讲解有老师带领学习金融交易的重要性和自己摸索的时间成本以及资金成本的高昂代价。

有部分学员听懂了，但还是有很多学员不愿意听这些，很明显他们不想听大道理，他们只想听“包赢技术”，就是我怎么做才可以赚到钱，最好是赚到大钱。

甚至说，你这个老师到底如何，自己做单子能不能赚钱？

我知道最好让学员信服的办法就是：

(1)你老师自己能够赚钱。

(2)老师能够带“我”赚钱。

这就是市场里真实的，老师和学员的想法差异。

我想教的是“渔”，学员通过学会“渔”，得到鱼。

而学员想的是，我要先得到鱼，才会跟你去学“渔”。

OK，那就先给鱼，后教“渔”。

很快机会来了，2015年7月3日，根据对商品交易品种的观察，又根据学员的特点(很多学员没有多少资金，只能做小品种)，我选择了郑商所的甲醇(郑醇)作为实盘交易教学品种。

一边教学员技术系统标准理论，一边实操带盘。

7月3日下午收盘前，给学员们讲述了为什么做甲醇的空单理由和交易逻辑后，有部分心急的学员已经在收盘前做进去了。

不过普遍做的仓位都比较轻，实际那单止损非常非常小，1手才30多个点，300多元，按照以损定量原则，他们是可以再多做几手的。

我自己为了展示，做了8手，标准仓是4手，我做了标准仓的2倍仓位，只有一位来自四川资阳的夏学员是做的标准仓位或者是标准仓位的倍数(具体多少我记不清了，这位学员是个农场主，目前已经移民大洋洲了)。

其他很多学员只做了一两手，还有的学员干脆用的是模拟资金，这是对的，毕竟和我都没有见过面，根本就不熟悉。

我是7月3日晚上(算第2天交易日)开仓进场的(这时才完全符合交易系统进场标准)。

这个甲醇空单由于准备充分，计划周详，再加上行情配合，进场就是赚钱的，进场才3天，连续两个跌停板，盈利幅度近保证金100%。

这时很多实盘操作学员的保证金几乎翻倍，这时学员心里想什么我很清楚，不是觉得赚钱了很开心，而是觉得做的太少了，懊悔不已。

瞧，这就是期货的魅力，很多时候我们做期货并不是交易技术，而是交易我们的情绪。情绪控制好了，交易迟早是赚钱的，情绪控制不好，亏钱是迟早的。

因为交易中恐惧和贪婪总是双生的，贪婪中就有恐惧，恐惧中包含贪婪。

而贪婪和恐惧是我们交易者无法规避的，我们唯一可以做好的是，用交易系统标准去规范我们的贪婪和恐惧在一个安全的框架内。

杨清《知难行易》

空仓休假，7月份交易展示账户本金12万整，开仓8笔交易，7笔止盈，盈利23800元，1笔止损，亏损760元，手续费几十元，最终盈利23034元，胜率87.5%，手续费占比盈利资金比为万分之四以内，最大动用保证金24000元，资金风险率控制在20%以内，本月盈利率19.19%（具体数字需要等待8月份打出7月份结算单最后确认）

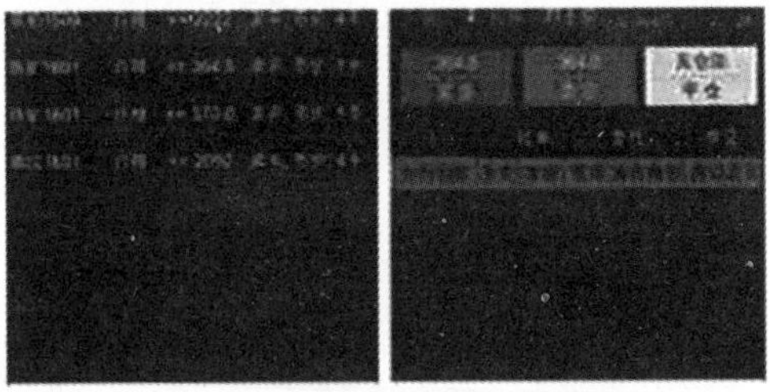

2015年7月30日 17:08 删除

杨清《知难行易》 2015年7月30日 17:10

持续稳定盈利才是暴利----杨清

一期学员阿婷香港 2015年7月30日 17:10

等旅游回来，好好跟着老师做

第二十四章　准备现场课程

2015年7月的知难行易投资智慧第一期讲课中，开始学员们的踊跃性一般，群里很少互动交流，可能源于学员没有得到“鱼”，你老师总说“渔”，不抓“鱼”，学员会怀疑你这个老师是否有捕“鱼”的能力。

后来调整教学方案，先带学员抓“鱼”，整个7月份的带盘期间行情把握的非常不错(主要还是市场配合，运气也比较好)。

当月总计开平仓8笔，因为自己当时做了实盘，所以记得很清楚，7 笔盈利，1笔止损。

总盈利是投入保证金的1倍左右，就是赚了开仓资金投入的1倍。

这时学员们比较信服了，相信你老师所说的不虚，还是有盈利能力的，群里的交流和讨论也一天比一天热烈。

第一期课程于7月底结束了，由这24位学员产生的好口碑也迅速传播开了。

8 月初，经一位上海学员介绍，上海一家传媒公司徐总(主要是整合讲师资源和有培训需求的人士对接开课)找到我，希望和他们公司合作开一次课。

尽管他们公司和金融几乎不沾边，但我还是接受了邀请，去了上海和徐总详细沟通并做了课程的相关准备工作。

这次安排是一个200人微信群的免费体验课程，徐总公司和我本人都做了宣传和推广，也就是几天时间，人数就快速超过了200人。

这次微信公开课我做了大量的文案准备工作，充分阐明了做金融投资学习巴菲特稳定盈利的思想，摒弃暴利思想对于交易者的好处。并且在两个小时的不间断演讲中，深入浅出的讲述找老师学习对于金融投资的重要性和必要性。

课堂上，多次以我和我的几位老师交易磨难历程，教育投资者应该怎么去做金融投资，应该怎么去学习金融投资。

在那次课程中，我首次用了自己独创的：期货盈利三角图形和期货稳定盈利系统学习五角星。逐一讲述期货交易获得盈利的结果需要哪三大要素，以及想要获得长期稳定盈利的结果，我们投资者需要学习哪五方面的知识。

并且重点谈了情绪管理对于交易者的重要作用。

因为我的这些理论和理念是一般期货书籍中没有的，完全是由我自己多年期货交易从亏损到盈利，痛苦蜕变过程的浓缩感悟。

因为我原来就是这个市场里面一个最普通的亏货，靠着老师的帮助和自悟完成最终的蜕变。

我可以把我的学习自悟经验转化为教学内容，用浅显易懂的方式讲述给普通投资者学习，缩短其从亏损变为盈利的蜕变时间。

在这次授课中，首次采用了一对一的解答环节，学员普遍反映超好。

所以后来的所有线下课程，最后预留半天时间给每一位学员做针对性的一对一指导。

其实，期货教学一对一这个环节很重要，例如30名学员好比去医院看医生，请问医生看病是一个一个看呢，还是一群一群人看呢？

哪有一种药方治百人百病的，都是望闻问切后再决定开什么药方的吧。

我个人觉得期货教育和医生看病是一样的，没有什么本质上的区别。

老师对一个学员的家庭情况、个人经历情况、经济收入情况统统都不了解，对学员的帮助是有限的，其实一对一辅导教学，老师的工作量非常大，也很辛苦。

让我意外的是，这次微信授课并没有带学员做实盘，也就是两个小时的演讲加一个小时的互动环节，学员反映爆棚的好，可能说的很多是这个行业里面很难得听到的真话，这也给对我接下来的现场课程充满了信心。

微信课结束之后，我立刻着手准备南京的线下课程。在位于南京高铁站旁边的明发商业广场租了一间会场，方便前来学习的学员，并成立了南京知难行易投资管理中心。

20天时间装修完毕，会场不大，只能容纳约40人不到。

但开课信息发出后，接到了全国各地几百人的报名申请，我只得从先期报名的100名学员中安排上课时间，而且因为会场的场地原因，这100 位学员又分为3期课程，日期就定在了2015年9月中下旬的第3个周末。

在此期间我购买了整套课程的教具、金融游戏道具和赌博筹码等道具。

那段时光很美好，虽然每天身体很累，精神上却是超级快乐，觉得自己做的这个事情超级有意义。

激浊扬清 [jī zhuó yáng qīng]

🔊 听语音

冲去污水，让清水上来，比喻抨击坏人坏事，褒扬好人好事。也说扬清激浊。——《现代汉语词典》（第6版）

中文名	激浊扬清
外文名	drive out evil and usher in good(英)
出处	《尸子·君治》
用法	作谓语、宾语、定语
近义词	彰善瘅恶、隐恶扬善

成语解释

🔊 听语音

第二十五章　知难行易投资智慧第二期课程(一)

在筹备这次课程时，家人是反对的，我太太是这样说的：你现在自己已经可以稳定盈利了，又有资金，你自己做交易不就可以了吗，为什么要教课呢？

她不知道，其实这背后有很多深层的原因。

为什么我要投身交易教育培训，其原因是多重的，这和自己从小受的教育和人生价值观有关系，和厌倦了实体生意的烦杂有关系，和不想再为金钱而劳心有关系。

我是1979年就上了小学，我们那个年代，男孩子从小接触到的几乎都是战斗英雄故事，心里都有一个做董存瑞、李向阳那样的英雄情结，随着后来《射雕英雄传》电视剧的出现，心里又有了郭靖式的大侠情结。

总的来说，那时的人们主要还是崇尚简单、积极、向上、助人为乐的正能量的东西偏多一些。

我是1991年参加工作，1995年开始创业，直到1999年白手起家创业成功，买房、买车、开公司、开工厂。

早就已经达到家庭不需要工作都可以衣食无忧的境地。

可是随着生意做得越来越大，赚的钱越来越多，我的快乐和成就感却越来越少，整个人都陷入了要不停赚钱，每天忙碌着，却不知活着的意义究竟是什么？

终于随着生意的下滑(其实也比一般人赚的要多得多)，心里的失落感越来越强烈，想尽办法寻求改变，却越是努力挣扎越是继续下滑，生意并没有因为我的努力而变好，相反还越来越差，我知道，自己的能力所限，不可能一直保持收入的高增长，经过多年的奔跑，我终于疲倦了，也厌倦了这样的生活，我不想自己的后半生每天只是为了赚钱而活着。

就在这样的环境和心态中，期货给了我最后的一击。

随着做期货的屡战屡败、屡败屡战，它多次完成对我的KO，终于让我彻底失去了自信，在没有老师指导学习的那几年，整个交易是乱做的，结果是亏损的，心态是崩溃的，每次受伤后心态恢复再进市场，结果还是迅速溃败。

那种彻底无助加绝望的伤痛没有做过期货的人是无法理解的。

绝对是，否定自己到极致，随时想死的心都有。

期货对人伤害的不只是亏钱，它最要命的是：不但吞噬你的金钱，还折磨你的精神，最后彻底摧垮你的意志。

而你却永不死心，直到你亏到身无分文、负债累累，被市场像块破抹布一样扫地出门，你还恋恋不舍。

期货交易如果不能做到稳定盈利，对于任何一个人包括他的家庭和他的人生绝对是一个灾难。

一般的生意人做生意亏了钱，第一反应就是做不干了的决定。期货则不然，就算做出不做的决定，鬼使神差的转了一圈之后你还会跳进去，期货就是这么一个神奇的行业。

就在我准备真的放弃期货的时候，看到了C哥的实盘帖子，重塑信心，并在C哥的影响下，逐步出去找老师学习，而且是不再吝惜花学费到处拜师学习。

幸运的是，我一直不缺交易本金，也不缺学费资金，在自己努力下，在多位老师的系统指导下，终于完成自悟突破(老师只能让你知道了解，真正做到只能靠自己开悟)，走进稳定盈利的交易圈子。

随着学习的知识越来越多，越是可以盈利了，反而自己对这个期货愈发敬畏，愈发觉得自己对于期货的了解不够，深不可测。

逐渐发现很多高手都在信奉佛教或基督教，我突然明白，做好交易首先是要修好品格，交易者一定要有信仰。

不能做交易完全就是为了赚钱的目的。

那么我该信仰什么呢？

我觉得自己信仰助人为乐。好了，这下方向找到了，当老师。通过教育培训投资者来完成和强化自己助人为乐的信仰，继而强化自己的情绪管理，提升自己的修为，这样才可以使自己在交易中长久健康的活下去。

我现在已经没有什么要求和欲望了，唯一的想法就是可以在市场里面健康的活下去。

所以我在着手教案的设计方面，主要是给投资者灌输：追求稳定盈利的思想，摒弃暴利思维。

后来一切教学核心和实盘交易系统标准都是围绕这个教育思想在做。

本着助人为乐和促使投资者早日踏入学习的道路，不要自学的目的，我决定在南京的前三期课程，即第二期、第三期、第四期的知难行易投资智慧一阶授课完全免费。

为什么要免费？原因就是这样可以促使很多没有花钱学习意识的学员踏入课堂现场，改变他的思维，促使他们早日花钱去拜各种老师去学习。

说实话，这个市场你不花钱找老师学习的结果一般都是会亏给市场，但亏给市场你几乎毫无收获，很多人美其名曰，我这几年亏损，还是学到很多东西的。

我以自己深刻体会回答：其实什么东西都没有学到，唯一学到的就是害怕，那是一种发自内心的害怕，除此之外我感觉没有学到任何有用的东西。

并且从我身边的许多期货班同学的交易结果中得出结论，大量参加期货交易收费培训，可以有效缩短你从亏损走向稳定盈利之路的距离。

第二期课程现场图片(与中信建投期货公司南京营业部共同主办)

第二十六章　知难行易投资智慧第二期课程(二)

2015年9月12日第二期的课程终于开课了，第二期课程其实就是第一次现场授课，也是迄今为止一阶课程当中课程氛围最好的一期。

也是后来从这期学员里面报名参加实盘训练营后，实现从亏损转为稳定盈利的学员比例最高的一期，所有4名学员统统实现稳定盈利了，转换率100%(后面再叙述)。

说到这期的学员课后评价是：凳子坐的屁股痛，订的凳子物流耽误了，临时换的简易凳子，没有靠背，会坐的很累。酒店住宿枕头高，颈椎痛。上课老师打人太狠，手痛。

授课过程中和结束后会有打人环节，惩罚学员，犯错会打手心，是举起戒尺用全身力气挥打。

但课程后，学员普遍反映课程效果特别好，学员们纷纷留言表示南京没有白来，是自己参加的最刻骨铭心的一次期货培训课程。

课程开始之初，我是先让每位学员填写调查表，了解其基本资金、交易历史、盈亏情况、家庭收入、婚恋生活、有无受过培训等相关情况，调查问卷每个问题都是有针对性的，这样可以更好的全面了解学员情况，并根据其具体情况做针对性的一对一指导。

因为来学习的学员多是亏损者，就相当于在期货市场里面有错误交易的毛病，作为老师，等同于医生，试问天下有哪个医生是一群一群人看病的，不都是一个一个望闻问切后才开出药方吗？

所以调查问卷对于针对性很强的期货培训是非常有必要的。

课程的内容主要是讲述期货交易者因为什么亏损，是因为情绪管理失控，是因为没有系统交易标准(注意是系统标准，不单单是技术标准)，等等。

讲述交易者怎样才可以做到稳定盈利：控制情绪始终平静，学习系统交易标准强化自己的执行力。

并且在整个两天的教学过程中穿插了大量的金融仿真交易游戏，极大地吸引了学员们的关注度和参与学习兴趣。

让他们仿佛置身于真的交易市场环境一样做金融投资游戏，在玩中学习，在玩中领悟。

阐明了做金融投资盈利必须满足三个要素：资金、能力、行情。只有做到三位一体才可以盈利的道理。

说明了这个市场你没有什么都可以，但万万不可以没有资金还去做期货交易，还去学期货交易。

花了巨量时间说明稳定盈利思想的重要性，讲述我们为什么做期货要摒弃暴利思想的根源性原因。

因为只有树立了稳定盈利的思想，资金账户才可以做到长久的稳定盈利。

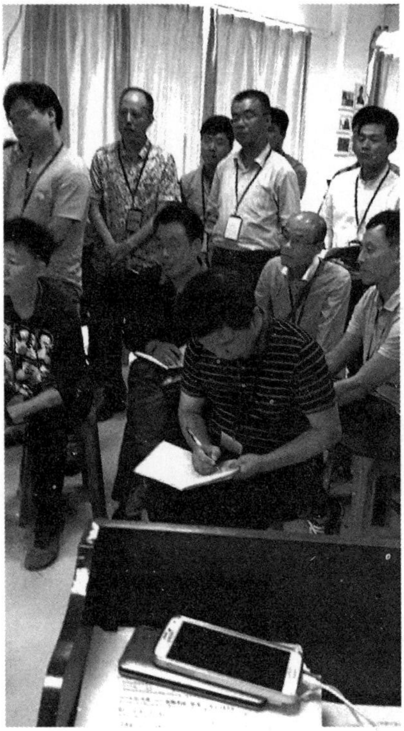

第二期课程现场图片(与中信建投期货公司南京营业部共同主办)

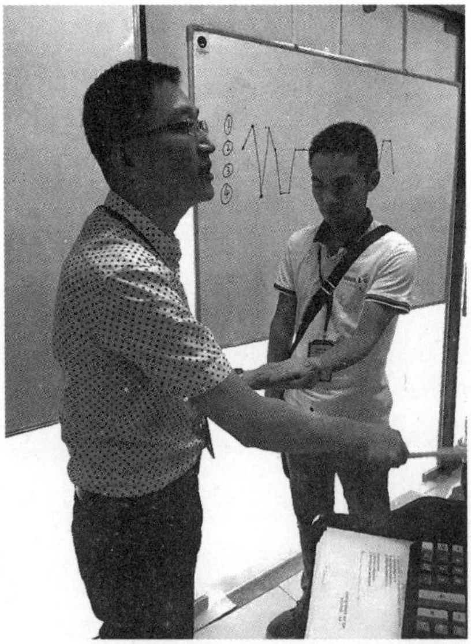

第二期课程现场图片(与中信建投期货公司南京营业部共同主办)

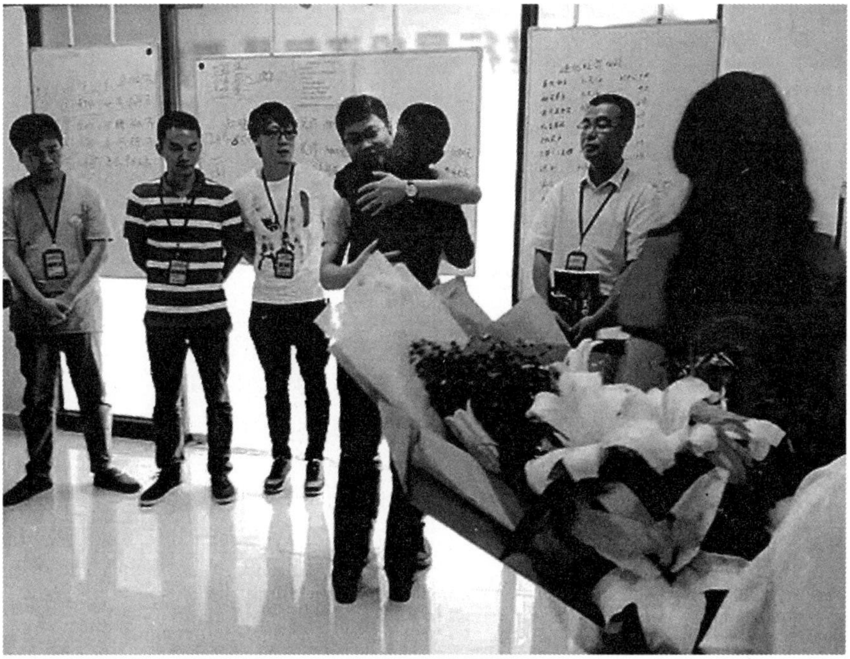

第二期课程现场图片(与中信建投期货公司南京营业部共同主办)

第二期课程现场图片(与中信建投期货公司南京营业部共同主办)

第二十七章　知难行易投资智慧第二期课程(三)

一阶二期的最后一对一课程中，我和每位学员面对面、一对一的真诚交流。

我根据学员填写的调查问卷逐一询问，问的很细，然后根据学员的具体情况，制定大致两套指导学员方案：

(1)尽快离开期货市场，因为你的经济条件不允许你做。

(2)尽快去找老师学习，不管是谁去找老师学习，不要自己摸索。

在整个一对一过程中，我要求每位学员如果要报名我的实盘训练营，回去私聊我报名，绝对不允许在课堂上报名，因为我不想因为学员在这种热烈的氛围中冲动报名，回头再后悔。

我给他冷静的时间，我需要他是发自内心的想来学习，而不是被忽悠来学习的。

这中间我主动邀请了符合报名条件的大约10位学员，可惜最后只有4位报名。

实际有8位一阶二期学员报名，为什么只接受了4位呢？因为其他4位主动报名的学员统统不符合我的报名准入条件，或已经负债或资金太少或家庭收入太低。

后面报名成功的学员分别来自：青海的阿君(金融高管)、无锡的万玉(镍现货商)、济南的小凯(地产评估)、深圳的群伟(IBM经理)。

其中阿君是基础最好的，小凯是基础最差的，也是最年轻的。万玉是专一做镍和不锈钢无锡电子盘。群伟现在是主攻外盘原油。

现在他们4位学员都已经固化了稳定盈利的思想，资金账户做得相当不错。

特别是基础最差、最年轻的小凯，他和万玉、群伟都是从论坛上看到我开课的信息找来的，说实话就是奔着我来学习的，所以后来很快就报名了。

唯一的差别是，群伟是最后一个报名的(截至9月30日优惠取消)，准确地讲，他是9月30日下午缴费的，也就是等到了最后一刻。

因为毕竟在外企工作多年，思维是相当严谨，我是他的第一位期货培训老师，之前没有参加过任何老师的培训，对于这种形式是否可以成功，也是高度怀疑的。

在听课过程中他又觉得课程非常好，他是被打的最惨的那期学员之一，因为他的错误导致整个交易团队每人都挨打10下手心，并且交易成绩垫底，如果一直垫底，他们最后还将会被再打一次。

但最后他们奇迹般的逆袭成功，从最后一名变成冠军。这种类似于交易中的大亏大盈深深地震撼了他。

他给自己设了一个期限，再给自己半个月的时间，如果自己到9月30日自学还是不行他就报名。

好嘛，他这么一等，可把我急坏了，因为我挑学员是很准的，几十个一阶二期学员中，我一眼看过去就知道阿君和群伟将来是必成的。

学员只有稳定盈利比例高了，课程效果和口碑才会出来，我怎么能放过群伟呢?

所以课程现场我就向他发出强烈的邀约，甚至做了他跟我学，我一定能帮他实现稳定盈利的承诺。

这是因为心里有底，像群伟这样的学员，稳定盈利是早迟的事情，只不过是时间长短的问题。

可是他迟迟不报名可把我急坏了，心里纳闷儿这个家伙怎么还不报名呢？

但我已经在授课现场邀请他了，不可能再电话催促他报名，不然就太掉价了。

如果一个学员他自己不想来，你再劝他来就没有任何意义，因为他不相信你。

对于一个学员来说，如果对你的老师能力表示怀疑，最好不要报名他的课程，否则你会后悔的，而且你也很难学好，因为老师对于怀疑自己能力的学员是教不好的。

我们的课程学员当中，凡是目前学得好的，都是严格按照我教授的系统标准方向去学习的。

直到9月30日他报名实盘训练营后，我才长长地松了一口气，怒道：你这个家伙总算报名了。

阿君严格意义上来说我们既是师生关系，更是师兄弟关系。我们两个曾经都是在国内著名的一家期货培训机构参加过培训，都参加过国内一些著名期货高手的课程培训。

他当时真实情况是股票盈利很多，做股指亏损后已经通过参加其他培训后可以盈利了。

倒霉的是股指在他盈利后突然停了流动性，只能做商品了，导致他很不适应，但又停不下来。

在我们同门师兄弟中对阿君的评价非常高，都说阿君的交易能力和品行都是最棒的。

因为阿君是金融高管，平时很忙碌，又是工作又是交易搞得自己很疲惫，所以想找个怎样可以既不耽误工作又可以兼顾交易的方法。

这时看到了我的课程信息，我记得他当时说：杨老师，我来参加课程可以获得稳定盈利的结果吗？

我的回答是：如果你来学过课程后不能获得稳定盈利的结果，就是我的耻辱。

其实阿君当时的交易已经可以盈利了，只是做得不稳定和太累。

报名参加实盘训练营后，我只是让他把所有学的原来技术系统标准先放到一边，只用我们课程的系统标准做，然后放大周期做，不要做短线。

立刻收到非常好的效果，还是因为他本来底子就非常好，但学的技术系统标准太多了。他后来说，我是他的第23个期货老师，我的天啊，整整比我多了11个。

阿君只要做好减法，调整好工作和交易的关系，再学习稳定盈利思想后，马上就能开悟。

期货稳定盈利有时对于技术底子很好的人其实就是一层窗户纸，我只是帮阿君捅破了那层纸而已。

后来阿君的微信圈分享完全变了，没有交易了，都是鲜花、儿子、同事聚会、朋友聚会照片，状态非常好。

交易周期放大后，人更轻松了，不仅没有影响工作，反而升职了，交易账户更是稳定盈利了，因为他原来标准技术系统就学习的很完善。

万玉就比较简单了，我教给他一套系统标准后，告诉他最好专一只做自己最熟悉的品种，我的一位老师就是专注只做橡胶，这样更容易成功。

果然，去年年底到今年的镍和不锈钢的几次上涨都被他狠狠地咬了几口，都是按照基本面结合技术标准多单开仓系统进的场，并且以损定量，没有超仓。

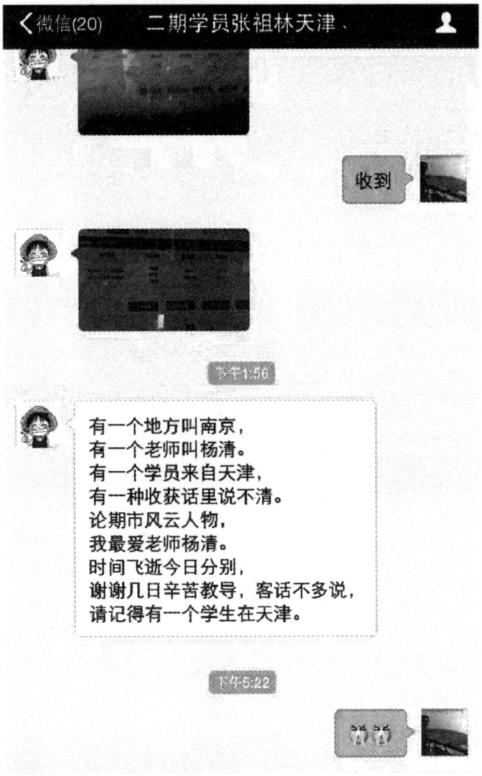
微信(20)
二期学员张祖林天津、
收到
下午1:56
有一个地方叫南京，
有一个老师叫杨清。
有一个学员来自天津，
有一种收获话里说不清。
论期市风云人物，
我最爱老师杨清。
时间飞逝今日分别，
谢谢几日辛苦教导，客话不多说，
请记得有一个学生在天津。
下午5:22

杨清《知难行易》
很多人宁可亏损也不肯出来学习，甚至免费课程也推说远。
有位青海西宁的学员上个月说要报名参加9月份的免费培训，我说您离南京好远啊，这位学员说，学本事不怕路远。
还有一位朋友听说有免费培训就报名，然后一看在南京，说离的太远就不来了，我问您在哪里，他说：武汉
在这里我要告诉西宁那位学员，您来南京学习后还不能稳定盈利，那就是我这个做老师的耻辱---杨清
2015年8月26日 16:03 删除
杨清《知难行易》 2015年8月26日 16:04
很多人宁可亏损也不肯出来学习，甚至免费课程也推说远。

第二期课程现场图片(与中信建投期货公司南京营业部共同主办)

第二十八章　故事超多的第三期课程(一)

直到今天，我一直认为一阶第二期课程教与学的氛围是最好的一期。

为什么？因为那是我现场授课的第一期。

同时那期有几个决定性要素造就了注定这是唯一一期学习氛围最浓的课程。

(1)男生占比是最多的一期，38位男生，2位女生。

男生占比高，可以有效的引导课程情绪向着学习的方向发展，因为男生容易感性，情绪易于调动和感动。女生则很理性，很难调动其情绪跟着讲师走。

(2)亏损者占绝对主导地位，知难行易课程对于亏损者会引发共鸣，产生很好的口碑效果。反之对于盈利者，他不知你所云为何物？

(3)一阶二期部分学员是从论坛追过来的粉丝，来上课前就对我已经非常认可和喜欢。

(4)这是我第一次现场讲课，倾尽全力，准备充分，由于课程内容几乎都是我的原创和亲眼所见案例以及亲身经历，所以讲述起来非常流畅，非常精彩。

课后，学员们一致评价：杨老师是在用生命讲课！

但到了第三期，完全不同了。

(1)总计26位学员，女生10位(有2位女生没有参加合影)，男生16位，女生占比总人数的三分之一还要多。

(2)第三期亏损者占比大大小于第二期，有多达8人说自己是盈利的。

(3)绝大多数学员对我不了解，没有多少粉丝学员，很多人是冲着课程免费来的。

这导致了第三期课程讲课难度大大高于第二期。

为什么？因为女生多，盈利者多，课堂情绪难以调动。

幸好我讲课是没有任何PPT的，全部是板书，就是一边在白板上写内容，一边讲课，同时做金融仿真游戏。

整整用了一天时间，才把第三期学员们带进了学习的氛围里，那个费劲啊！

3个女生一台戏，真是不假，更何况有10个女生。

一阶第三期是所有迄今为止故事最多、奇葩最多的一阶课程。

第三期课程现场图片(与中信建投期货公司南京营业部共同主办)

第二十九章　故事超多的第三期课程(二)

第三期学员当中有两位我的粉丝，一位是来自福建福鼎的宗杰，日前在实盘训练营，一位是江苏徐州的阿峰。

阿峰是一位听力有障碍的80后，从小家境不错，一直上着特殊学校，全国特殊高考时排名全国第十，被天津理工大学(一本)计算机系录取。

我不知道阿峰是如何跨入这个魔鬼般的期货行业的，也不知道一位有着听力障碍的人如何学习期货交易的，简直是匪夷所思。

记得阿峰从论坛上找到我，简单交流仅三句话，我就判断出：这位交易者已经走火入魔了。

当时具体说什么我记的不是特别清楚了，应该是阿峰说自己亏了很多钱，已经负债了。

我说，你要放弃，这个行业不适合你，因为你没有资金，负债者几乎不可能完成稳定盈利的任务，因为有债务压力，技术系统再好也没用，因为情绪控制不了。

阿峰先是信心满满地说，他最近已经找到了一个很好的方法，已经连续盈利好几天了，盈利幅度很大。

我仔细看了他的交易方法，告诉他，你这个方法肯定是不行的(一种逆势交易方法)，要不了多久你就会大亏，他听了之后很不以为然，礼貌的说了几句客套话就没有联系了。

为什么我和他只交流几句就感觉他已经走火入魔了呢？

因为和他微信聊天时的状态已经暴露出来了，他当时讲话已经处于一种躁狂的亢奋中。

果然，第3天阿峰再次联系我：

杨老师在吗？

在。

杨老师您说得是对的，我这2天大亏了(其实也就是2万左右)。看来您说得是对的。

这时你会明显感觉到他又从躁狂的亢奋转向了另一个极端——失败后的抑郁。

多么熟悉的感觉啊！

我仿佛看到了2年前的自己，我的心立刻被揪了起来。我决定，一定要救救他，给他做心理辅导。

花了约一个小时，我给他讲述为什么期货交易者绝大多数会亏损的原因，讲述为什么像他这种已经亏损到负债状态的交易者最好的方法是赶紧停止交易的道理。

讲述要想做好期货，做到稳定盈利需要哪些条件和要素。

经过苦口婆心的劝说，阿峰终于思想上面有了点认识。

他说：老师我想报名参加您第三期的课程，跟您后面深入学习。

我说：可以啊！没有问题，欢迎你。

可是老师，我是一个听力有障碍的人，您不会嫌弃我吧？阿峰说道。

我说：怎么可能？你来吧，没有关系，我教你。

谢谢老师，谢谢老师，阿峰连连道谢。

很快，上课的时间到了。

记得那天我在课程会场埋头整理资料时，阿峰发微信来，我到明发商业广场了。

哦，好啊！你找2269即可，我在。

一会儿，进来一位长相清秀的小伙子，一看就是个文化人，我说，你是阿峰吧？

阿峰笑着点点头。

你先填写一下调查表，这是课程惯例，每个学员都要填写。

因为我在说完这段话之后，转身低头忙事情，是背对着他的，我突然感觉他没有反应。

我转过头告诉始终面带微笑的阿峰说：你要先填写表格。

他很尴尬的双手一摊，耸耸肩，然后又用右手食指指指耳朵，再摆摆手，表示自己听不见。

我的天呐！这哪里是什么听力障碍，这是位既听不见别人说话，又不能自己说话的期货交易者。

我当时就蒙圈了，什么情况？这课程怎么教啊？

可是人已经来了，你总不能让他再回去吧，我想象不出阿峰的交易道路走的该有多苦，我一定要帮帮他。

好在我小时候最要好的同学父母就是手语人士，所以我也会一些简单的手语。

我用手语简单的和阿峰交流了几句，让他把调查表填写完，然后赶紧交代同住一个房间的学员多照顾他一些。

我又赶紧找手语老师，准备花钱雇一个手语老师来为阿峰服务，让他学的更好一些。

但手语老师说，你这种课程没有办法翻译，因为有很多期货专业术语我们无法翻译。最后只能作罢。

后来的课程安排是这样的，因为我写的是板书，阿峰可以看得懂，我又安排一位听课学员马大姐，一边听课，一边写课程内容的关键点翻译给阿峰看(第二十八章图片中前排的男生就是阿峰)。

课程结束后的一对一讲解怎么办呢？

有办法，我找了一位江苏的女学员小陈，她曾经在法院工作过，打字快，拿着一台笔记本电脑做翻译。

就是我说什么，由小陈翻译给阿峰看，阿峰看明白后用微信写出自己要说的话，再由小陈说给所有人听。

所以整个过程耗时很长，约半小时，是其他一对一学员的5倍。

那天的一对一课程现场，爱意浓浓，关心满满。

每一位学员都很尊重阿峰，都愿意在课程现场帮助他，并且都是发自内心的那种。真好。

我给阿峰最后的几点指导建议是：

(1)立刻停止实盘交易。

(2)绝对不可以再负债交易。

(3)往专业计算机程序化交易方向发展。

我现在请他做我的程序化交易语言编程，配合我完成一些程序化交易工作，阿峰非常优秀也非常敬业。

我觉得帮助阿峰最好的办法，就是让他发挥自己的强项——计算机专业能力，让他觉得自己能够学以致用，有价值感，有存在感。

第三期课程现场图片(与中信建投期货公司南京营业部共同主办)

第三十章　故事超多的第三期课程(三)

前面说了，第三期课程中是女生占比当期学员最高的一期，本章就讲述第三期中的几位女生学员的故事。

1．南京“不高兴女生”

因为课程报名时我就知道女生超多对于课程效果肯定会有影响，理由已经在前面章节中说明了。

所以课程开始之初我为了调动课程氛围，特意在课程开始之初加了一个游戏互动环节——套绳比赛，用以活跃气氛。

但课程现场还是出现了很多状况，特别是有一位女学员一脸不高兴的当面质问我：你为什么不讲交易技术，你这不是浪费我的时间吗？

这位女生就是那位“不高兴女生”，她认为我讲述的稳定盈利思想对于期货交易完全没用，她是来听“术”的，不是来听我讲“道”的，我简直哭笑不得，我自己都记不得当时是怎么跟她解释的。

第2天课程她没有参加，我在课堂上是这样跟其他学员说的：免费吃、免费喝(课堂上备有水果、饮料)、免费学，没有一丝感谢不说，还怪罪老师耽误她的时间。

一个连基本做人的道理都不懂的人，做期货最后的命运在一开始就注定了……

2．亿万富姐小陈

小陈原是江苏一个城市的法院干部，家境很好，因为酷爱期货的暴利，毅然辞去公职，专职做期货交易。

先是爆仓亏50万，然后从娘家拿了80万，一个月又赚回了50万。

小陈为人很善良，也很豪爽，交易风格大开大合，资金暴涨暴跌，十分刺激。

但小陈的性格造成她的情绪波动很严重，情绪管理能力差，可能至今她自己都不清楚。

举例：

(1)课堂上面就和马大姐争吵了起来，好像她们都是跟随北京一位王老师学习过技术系统，不知何故一言不合就吵了起来。

(2)小陈爱人家境更好，家产过亿，结婚后有段时间小陈爱人将6000万借给亲戚后没有归还，因为这个事情小陈爱人没有和小陈商议，小陈又刚好生孩子，就有了产后抑郁倾向，情绪失控，做了很极端的一些事情，在课堂上一对一环节时突然失控哭诉起来。

小陈的为人没有问题，交易技术也很棒，可能家境比较好，性格比较高傲，交易仓位过重，情绪管理缺乏学习，对于期货市场的风险不够重视，敬畏心缺乏，日后可能会吃大亏的。

小陈是这么多期一阶课程中唯一一个反胜为输的小组总经理。

在最后一个仿真金融交易游戏环节中，爆仓了，自己把团队送入最后一名的境地。全组受罚挨打。

3．上海两位女生

这两位女生是从上海一起相约前来南京学习的，她们原来是在一个股票培训班认识的，两人是相处很好的闺蜜。

其中一位叫小玉，人如其名，亭亭玉立，气质很好，只是感觉当时面部表情凝重，似乎生活压力比较大。

另一位叫小雅，也是颜值很高，气场特别强，她始终展现着一种超强的自信，一种一切尽在我掌握的那种自信。

她是属于那种美貌与智慧并存的女生。

后来从一对一课程交流中得知，小玉交易股票是亏损的，小雅交易股指是盈利的。

有个细节可以反映出两个人的差距：第1天下午上课时她们两人同时迟到了，按照知难行易课堂规矩，迟到者需要受到处罚，用戒尺狠狠打受罚者手心两下，并扣小组20万元作为罚金。

当时先打的是小玉，她上台时接受处罚有点儿畏缩，这是交易者最忌讳的，明显缺乏承压力的锻炼。

而换成小雅上台时，她很大方的把手伸了出来，说：老师你打吧！

我说要不要在手心上垫一层纸巾，这样不会太疼。

她回答：不用，违反规则就要受罚，打吧，干脆利落。

后来得知这两位女生就职于上海一家著名的股票私募冠军公司，小雅任总裁一职，2016年去美国参加了巴菲特的全球投资者盛会。

第三期课程现场图片(与中信建投期货公司南京营业部共同主办)

第三十一章　人才济济的第四期课程(一)

第四期课程是我在南京举办的第三期线下授课，由于临近节日，所以来的学员相对比较少，但凡来的都是各行业的精英。

这里面有方正期货公司老总、格林大华期货公司老总、内蒙古投资公司老总、浙商企业家顾问导师、不锈钢现货商女企业家、期货职业操盘手等。

学员里面有一位来自福建的医生，还有一位来自浙江义乌的“病人”，我先从这位病人开始讲起。

病人阿军：

课程刚开始的第1天，我正在讲课时，突然阿军对我说：“老师您的话筒声音太大，震的我头疼，您能不能放小一点声音。”

我立刻敏锐的意识到，这位学员生病了。

什么病？精神病。不是躁狂症，就是抑郁症。

我怎么知道的？

因为我是目前国内期货圈唯一一位既得过躁狂症又得过抑郁症的期货老师，所以当身边的投资者朋友只要稍微露出点此类病症苗头，我马上就能够察觉。

我立刻说道，阿军你生病了，精神病。

啊！不会吧？杨老师，我怎么可能有精神病？

我说，你现在是不是头痛欲裂，非常想睡上一觉，并且你至少半个月没有正常睡眠了？

阿军说：老师您神了，您怎么知道的。

神啥，我得过精神病当然知道啦，我回答道。

我又说：你赶快去南京脑科医院去看精神科或失眠科，赶快去，不要耽误。

阿军说，老师，我现在不想去，您课讲得好，我听完课再去看病。

我说，那好吧，我给你一片药，课堂上备有治疗精神病药品，是讲课时举例用的，你晚上先吃一片，好好睡一觉。

阿军说，老师您那一盒药干脆都给我算了。

我说，那可不行，我只能给你一片救急，吃多了我可不敢负这个责任，你最终还是要去看医生解决。

第2天阿军神采奕奕地来上课了，老师，您这个药真好，昨天晚上我睡了5个小时。

后来阿军回义乌看的病，自述现在已经好了，他是做外汇短线的，生病的诱因几乎和我一样。

职业操盘手阿海：

河北石家庄人，当时来参加一阶第四期学习后，因为不是太符合报名上稳定盈利训练营的一些条件，我开始是拒绝他的。

但阿海很有韧性，他不停地告诉我他想跟我学习系统标准，他认定跟我学习之后可以获得稳定的盈利，甚至动员他太太一起来说服我。

我根据他的特点以及现状，告诉他如果想报名参加稳定盈利训练营，必须满足两个条件：

(1)不能拿自己的钱进行交易。

(2)找家私募投资公司上班。

结果，阿海在一个月之内真的找了一家私募去上班了，在我这里也顺利报名成功。

我后来感慨：有志者事竟成！阿海是我这方面学习的榜样，永不言弃。

让我出乎意料的是，阿海是学员当中率先通过学习脱颖而出的一位学员。

经过半年的强化学习，加上阿海非常的勤奋和专注，自加入那家私募后，10天时间100万本金总盈利超过40万，是目前那家私募(该私募以股票为主)聘用的期货操盘手中唯一一位盈利的。

阿海那段时间每天除了吃饭睡觉，几乎所有的时间都花在了交易盯盘和学习运用技术标准上面了，非常刻苦，非常用功。

现在阿海已经从稳定盈利训练营毕业了，今年以来一直稳定盈利。状态越来越好。继续努力，继续加油。

公司老总阿亮：

来自上海，80后青年才俊，酷爱交易。

阿亮国学底蕴深厚，我跟他学到了很多国学和佛学方面的知识，是亦师亦友的好兄弟。

正如孔子所云："三人行，必有我师焉。"

目前阿亮也是稳定盈利训练营学员，只做外盘黄金，今年以来也是稳定盈利的。只是交易周期做得比较小，已经在2016年8月的密训班课程中提醒他了，好在他还很年轻，我叮嘱他要慢慢往大周期上面转了，不然盯盘太辛苦了，容易诱发精神类疾病。

第四期课程现场图片(与中信建投期货公司南京营业部共同主办)

第四期课程现场图片(与中信建投期货公司南京营业部共同主办)

第三十二章　人才济济的第四期课程(二)

第四期课程收获最大的是得到了我太太的充分认可，从她的眼神里我又读到了久违的崇拜目光。

有一天晚上太太笑咪咪的眼中满是崇拜的看着我说：老公你太棒了，你课程讲的真好，你的课堂临场发挥能力真是超强。

我嘴角上翘的回答道：这就是我为什么不用PPT讲课的好处，还有我20 多年的创业经验以及幸福婚恋生活给了我丰富的教学经验，还有就是发自心的使然。

我教学的目的不是为了自己赚钱，而是为了帮助那些还在黑暗中苦苦挣扎不能自拔的交易者们。

因为我自己曾经是那么的痛苦不堪，那么的痛不欲生，这种滋味没有经历过“期祸”的人是永远也无法了解的！

如果不是遇到C哥，如果不是参加那么多期货培训班，不是遇到那么多期货圈朋友，我根本无法完成最终的开悟。

所以我做培训只是为了做一个能够让投资者快速开悟的催化剂，仅此而已。

有很多时候，老师的教学目的不一样，学员得到的结果也会大相径庭。

接着说第四期的精英学员们。

郭大师：

郭大师在课堂上我就知道此人绝非等闲之辈。为什么？一种感觉，多年来阅人无数的一种自然反应。

郭大师的称谓不是我封的，是我后来去听他创立的卜源心学课程上，一群现场听课的浙江企业家们对他的称谓。

他的课程是专为企业家们设立的，收费方式是顾问式年费收取，帮助企业家们疏导心理，提升企业竞争力的，费用是18万一年。

我有幸在南京接受郭大师邀请去听了一堂卜源心学公开课，说实话那是相当的牛。

是我见过的既没有PPT，也没有演讲稿的即兴演讲课程极其厉害的两位老师之一(另一位是外汇专家中国外汇研究院的谭雅玲院长)。

他是我创立的知难行易课程学生，我是他创立的卜源心学课程学生，世界就是这么奇妙。

尚榕：

尚榕该怎么形容呢？我很难用文字去表达。她是一位非常与众不同的女子，怎么与众不同？就是你见过一面永远不会忘记她的人。

可能修佛的女生都是这样的仙风飘飘吧？都是这样让人一见就难以忘却的吧？

对不起，文字表述我实在无法找到更适合的词语，以后大家有缘见到修佛的女生自己感悟吧。

尚榕原来是交易美股的，现在平时很少交易，时间多用于参禅修佛和做义工上了。

最近她修学了催眠术，用于治疗失眠、焦虑、神经衰弱等各种疾病，我近期将会去杭州体验尚榕催眠的神奇功效，看看效果到底如何。

讲了这么多靓丽的故事，本章节最后讲一个灰暗的故事，我长长地叹口气，唏嘘一下……

第四期学员中有一位想报名参加稳定盈利训练营的，我拒绝了他报名。

为什么？因为这位学员不符合稳定盈利训练营的报名条件：

(1)该学员没有稳定收入。

(2)该学员目前处于负债状态。

更要命的是，他自己还没有意识到自己已经走火入魔了。

为什么我这么认为？我讲出来理由大家就明白了。

该学员35岁了，单身，在浙江，原来有一份年收入12万的高级技工工作，不干了，非要在期货行业里面干出一番事业，坚信自己可以成功。

那我们就分析一下他能否成功：资金账户里面的5万元都是借的，1 分5的利息，没有工作也没有任何经济来源。

每月要负担利息、房租、吃饭约2000元左右(其中吃饭他自己说每月只花500元)。

等于每年费用约25000元，本金就算5万，每年赚50%等于没有赚，生活又过的这么清苦，身体怎么受的了？你怎么创造奇迹？你怎么靠期货稳定盈利？

放着年稳定收入12万的工作不干，非要在一个失败概率很高的行业里面去打拼。

这样的学员我怎么教会他稳定盈利？

课程上面我也做了疏导，甚至我很激动地说了一番话。

为什么我激动？

因为他说，如果失败我一人承担后果，我可以一辈子单身，无所谓。

我激动地说道，期货交易失败难道就真的是你一个人承担后果？你家里父母怎么办？

他们不要承担你失败的后果？辛辛苦苦把你养大成人，既没有立业又没有成家，怎么对得起父母？还你自己一人承担，你是从石头缝里面蹦出来的吗？

我们做期货投资是为了赚钱后获得更美好的生活，既然不能获得，那就一定要认输，只要认输，人生还是赢家的。

这个世界不是有钱才叫成功，也不是没有钱就不叫成功。

你虽然亏了点钱，但自由还在，健康的身体还在，家人的关怀还在，不比那些赚了钱却坐牢的人强啊？不比那些跳楼自杀的人强啊？

我一直激动的反复说着我的观点，并且明确的告诉他，我教不了他。

可惜的是，他好像没有听进去，好像现在还在做交易。

哎，天要下雨，随他去吧！

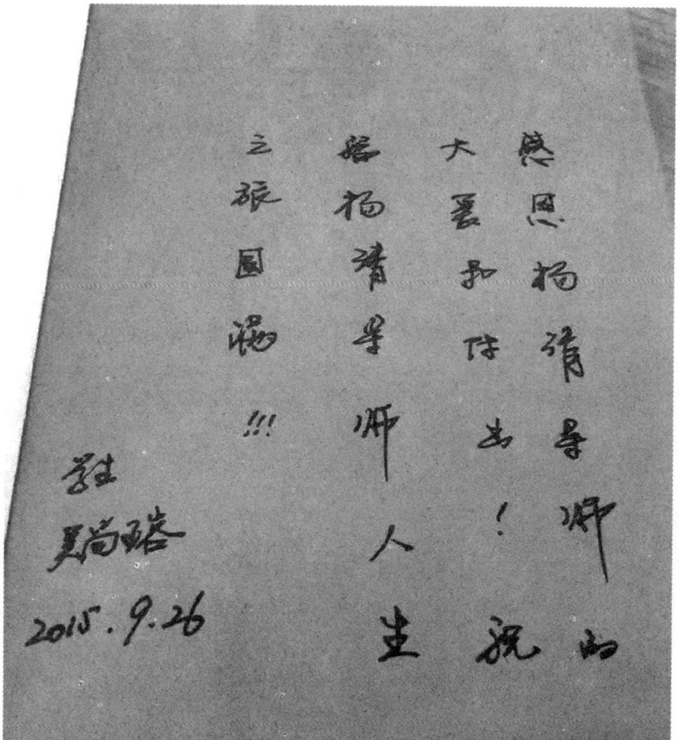

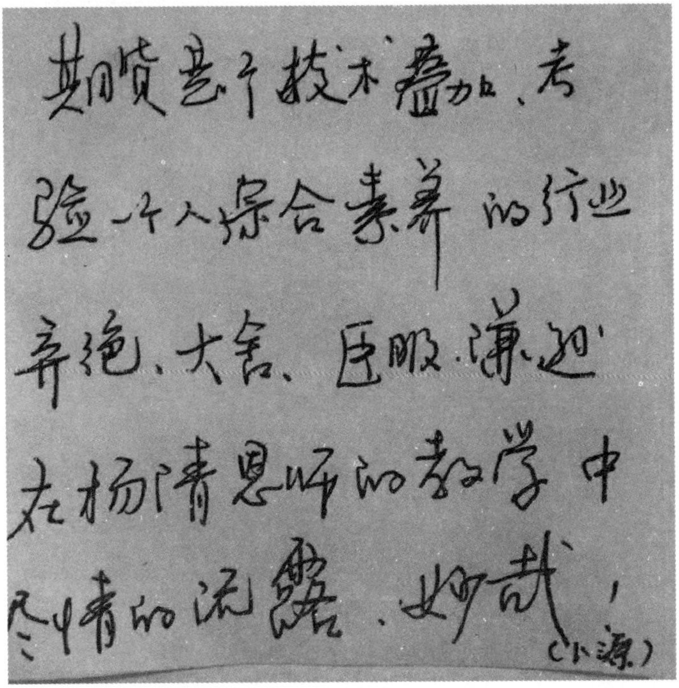
期货是个技术叠加、考验一个人综合素养的行业
弃绝、大舍、臣服、谦逊
在杨清恩师的教学中
尽情的流露，妙哉！
（小源）

第四期课程现场图片（与中信建投期货公司南京营业部共同主办）

第三十三章　没有打学员的第五期课程（一）

随着在南京连续三期知难行易课程的开课，现场总计有8家期货公司的工作人员前来观摩，后来随着这三期学员口碑相传，陆续有6家期货公司邀约一起合办课程。

其中反应速度最快、最先邀约的是华信万达期货公司资深高级客户经理，北京的李思沅姐姐。

9月的一天，北京的思沅姐姐就打电话给我说：杨老师，我觉得你的课程很不错，我们在北京合办一期课程好吗？我邀请你来北京给我们公司的客户培训一下。

我说：思沅姐姐，您还没有上过我的课，您怎么就这么确定我的课程适合您的公司客户？

怎么就确定我的课程是属于“好的”课程？

思沅姐姐当时是这么说的：杨清老师，我们虽然没有见过面，我虽然没有现场听过您的课，但从您课程的安排如此之细，做事情这么认真方面看，您的课程肯定不会差的。还有，之前您发朋友圈的那些教育投资者摒弃暴利、追求稳定盈利的思想我觉得太对了。

我是在这个行业里面做了20多年的了，看到有些客户就是倒在了暴利思想上，我对您说的很多感悟很认可，所以您的课程是没有问题的，可以来北京开一场。

说实话，思沅姐姐是第一位对我的课程高度认可的期货行业专业工作人员，这给了我很强烈的信心，虽然之前我曾经想过要将课程推向全国，但没有想到会这么快，而且第一站就在北京。

意义非凡！

后来的接触我才知道，原来思沅姐姐不但是一位资深的高级客户经理，更是华信万达期货公司的个人业绩冠军。

随着和思沅姐姐接触越来越多，交往越来越久，终于明白冠军业绩发生在思沅姐姐身上为什么是必然的一件事情。

(1)她思维反应快，从第一时间第一位邀约合办课程就可以看出。

(2)她行动力快，想到就立刻做，果断干脆，绝不拖泥带水。

(3)她一心为客户，无论客户在工作上还是家庭生活需要帮助时，都给予热情周到、竭尽全力的帮助。

(4)她和客户相处亲如兄弟姐妹，急客户所急，想客户所想，用自己多年的专业知识服务客户。

(5)她积极健康向上的生活态度，影响并感动着朋友圈的每一个人。

思沅姐姐的微信朋友圈里每天都会分享正能量，在无声无息的传递着爱：孝敬父母、健身、朋友聚会、心灵鸡汤、感恩祝福等。

有这样一位期货圈朋友是我的幸运。

根据时间安排，我们共同商议把课程定在10月的第二周周末。

课程地址就在我和北京一群投资圈朋友众筹的地方，位于北京站对面恒基大厦的咖啡厅——北京投资客咖啡厅。

第五期课程的教学难度之大超乎想象。为什么？

(1)因为盈利的人太多，参加课程学员有近40%是盈利的。

(2)因为同第三期一样的问题，女生太多，比例也在40%。比第三期更难的是，资深美女太多。

(3)领导干部和高管金领占比超过40%。

正是这些因素造成本次课程不能采取南京的现场讲课方式全套搬过来，也不能在课程里面设置打人的环节，因为很可能学员根本不接受。

为什么不接受？因为知难行易课程很多内容只有亏损者，并且是男性亏损者才会产生强烈的共鸣。

女性投资者相对男性投资者更加理性，思维和情绪比较平静。

一个讲师是很难调动一个女性投资者的情绪跟着你老师走的，更何况去调动一位盈利的女性投资者情绪。

所以整个课程的设置环节以及讲课节奏、讲课语言表达和肢体语言表达方式等，都做了很具体全面的改变。而不变的是课程主题和表达方式。

在南京讲课时因为亏损者比较多，很容易让学员们进入听课模式，情绪带动比较容易。而在北京因为情绪调动比较难，所以第1天多以诙谐有趣的语言和肢体语言去和学员们沟通和交流。

同时加强了仿真金融投资游戏环节的内容，目的只有一个，把学员们带入一个放下自己原来的思维模式，置身一个稳定盈利思维的学习环境中。

第五期课程现场图片(与华信万达期货公司金融事业部共同主办)

第五期课程现场图片(与华信万达期货公司金融事业部共同主办)

第三十四章　没有打学员的第五期课程(二)

第2天课程随着游戏的互动，大家逐步被带入学习的氛围里面，关于已经报名参加后阶段学习的军姐、阿彬、奇奇我就不再多聊了。

我重点讲述三位学员的故事：海鹏、阿明和王大哥。

海鹏：

一位刚毕业的大学生，性格很稳重，能力很强，智商很高。他为人非常内敛，一点儿也不张扬，具有非常好的投资能力和优秀操盘手的潜质。

他很少说话，更多的时候是投入在课程学习中，思考仿真投资游戏中的应对策略和实施方法。

他最后的成绩是获得第五期的冠军。

这个小孩非常优秀，优秀到我毫不掩饰对他的喜爱。

作为一个刚毕业的大学生，海鹏是我所见过的在他这个年龄段里面，各方面都很优秀的人才。

阿明：

阿明是一位和我年纪相仿的中年男子，河南人，特意从郑州赶到北京听课的。以前做实体时赚了很多钱，做期货后一直处于亏损的状态，亏损的金额还比较多。幸好他修学了佛法，心态上面还是不错的，只是后来不知何故失去了联系。

实际上他交易的思想和方法，问题不但大而且多，我是邀请他报名的，他是符合报名条件的，也不知何故没有报名，具体原因我至今不明？

我只能说佛度有缘人吧，祝福阿明一切都好吧。

王大哥：

王大哥故事比较曲折，也比较伤感，他是在期货市场亏损了很多钱，属于那类已经被市场打败，并且再也无法通过期货交易翻身的那类朋友。

王大哥50多岁，北京人，家庭和睦幸福，日子过的本来很好，可是因为做了期货，又没有什么章法，在没有参加学习之前就已经巨幅亏损了。

等王大哥醒悟过来要参加学习时，再次进场交易的本金已经没有了，这是一个交易者最痛心的事情。

我更多的感觉王大哥目前有心无力，因为五十知天命，一个普通人最能够通过奋斗产生巨大效益的黄金年龄已经过去，并且期货带给他的伤痛过重，以至于大大影响了家庭幸福和王大哥本人的生活。

这也是我最不愿意去面对的投资者，因为我实在没有能力去帮助他，只能给予心理的疏导和暗示：交易亏损钱其实对于人生来说并不是输家，及时放下过去，也是人生的赢家。

因为钱虽然没有了，但家庭还在、自由还在、健康还在、生活还在，只是一些身外之物没有了而已。

每次在北京劝解王大哥的时候，他的状况和心态就会好些，但过段时间就又会心理出现波动的状况。

因为不怕没有，就怕曾经拥有。

作为期货交易者，进入这个行业不是生就是死，而且亏损者很难退出，一旦到了40岁以上还是不能获得稳定盈利的结果时，就会处于非常危险的境地。

因为年轻的时候还有机会，还有冲劲，到了中年危机时，留给你的时间不多了，多年的亏损会把你最后的积蓄耗干。

所以我总是不厌其烦的反复强调：要么就赶紧退出这个市场不要再交易了，做个人生止损，要么赶紧去找个你喜欢、信任的老师去学习，还有可能获得稳定盈利的结果。

两条路你选一条，千万不要走自学摸索这条路，不但学费贵，而且效率低，速度慢。

所有普通的交易者要想获得稳定盈利的结果，不管是找老师还是自学都要花学费的，要么交给市场，要么交给老师。

最后再次祝福王大哥能够完全做到：放下过去，活在当下，面向未来。

第五期课程现场图片(与华信万达期货公司金融事业部共同主办)

第五期课程现场图片（与华信万达期货公司金融事业部共同主办）

第三十五章　老师给学生行跪拜礼的第六期课程(一)

离开北京后的第2周，应格林大华期货公司洛阳营业部吴总的邀约，知难行易课程教学团队来到了洛阳。

吴总是一位资深期货从业人员，信奉佛法，是皈依的女弟子。吴总之前来南京听过第四期的一对一现场课程，觉得课程非常好，当时就发出邀请。

在去洛阳之前我就一直思考一个问题，如何能让洛阳学员快速进入学习状态，从而达到一个非常好的学习效果？

为什么？

因为洛阳属于三线城市，因为地域的问题，类似于这样的课程在洛阳是很少见的，并且城市整体参与培训学习的氛围是远远比不上沿海省份的，也比不上省会郑州。

这样的地方讲课是很容易冷场和学员有可能不极度配合的。

授课前一天抵达后，稍事休息，吴总热情地说：杨老师有没有去过白马寺？

我说没有啊！早就听说了，白马寺很出名。

于是下午吴总带我们去了白马寺，教会我进香的方式，在佛堂前又教会了我拜佛的仪式：双膝跪地后，用手分别轻放，皈依佛、皈依法、皈依僧、叩头并双手手心向上摊前接受佛法，最后双手握拳接受佛法后翻转，站起身双手合十深鞠躬感恩。

拜佛回酒店后，我立刻感悟出用什么样的方法可以带领洛阳这个培训学习氛围不浓的城市学员，快速进入学习的状态了。

于是，第2天按照常规流程介绍完之后，我提出：大家来这里学习一定要是完全接受的感觉，双手打开拥抱学习，而不是双手抱肩，一副问你老师想要干什么，是不是来骗我交学费的防备感觉。

大家要放下过去，放下所有，进入一个学习的状态，否则，得到的东西就会很少甚至没有得到。

如何放下自己呢？

我说我给大家做了个演示，我先是铺上一条很宽的浴巾放在地上，然后以拜佛的形式告诉在场的学员，我们做好交易必须要学会：

修心（修炼内心始终平静）。

修行（修炼行为符合标准）。

修性（修炼性格始终平和）。

遇到挫折叩头接受惩罚，然后通过学习改变，命运翻转，起身深鞠躬双掌合十感恩。

演示完毕后我立刻感受到课堂现场的气氛马上就不一样了，学员感觉很震撼。

我再把游戏规则和课堂纪律告诉学员们之后，问大家能不能遵守和接受。

能。很多人回答道。

我又问了一位最年长者，说：您能不能做到？

老大哥说：哎呀，你老师都这样了，我还有啥做不到的。

瞧，课程效果一下就出来了。

有时候方式方法很重要，我太太后来看到我跪拜教学的视频后当场就泪奔了，说："老公你太不容易了。"

我说这没有什么呀，为了能够让学员得到，我怎么做都可以，更何况学员就是我要拜的佛。

我所有的成就都是由我的学员们帮助实现的。

我相信，这样的教学方式人人都能感受到我对学员的那种爱，一个传播爱越多的人，他得到的爱一定是超过他付出的爱，因为爱是会反射回给传播爱的那个人的。

正是通过这种跪拜式教学方法打开了学员的学习之心，使更多人终于相信了我说的那句话：我讲课不是为了自己赚钱，而是为了帮助亏损的投资者如何走出黑暗的投资人生隧道的。

第六期课程现场图片(与格林大华期货洛阳营业部共同主办)

第三十六章　老师给学生行跪拜礼的第六期课程(二)

一个多月后，我去昆明见MC电缆公司的亿豪翟董，翟董比我还小5岁，企业规模年贸易额几十亿，目前还在高速发展中。

我们喝茶时，聊到我的课程，我给翟董看了我行跪拜礼教学的视频，并解释了为什么要这样做的原因和初心。

翟董看完说了一句话："杨总，你现在是能够跪的下来，如果以后你的课程成功了，你也成名了，面对几百粉丝的会场，你还能够跪的下来吗?"

肯定能。我微笑着毫不犹豫地回答。

因为教课并不是为了自己赚钱的，目的是为了帮助更多的人从交易亏损的苦难泥沼中走出来。

抱有这样的初心，我的课程重心必然是放在怎样提升课程的效果上面。

因为教育行业必须是一个良心产业，金融教育更要做良心深厚的一个行业。不然，赚了钱，却黑了灵魂。

一个金融课程效果好，口碑会逐步把你的课程带给听课者身边的投资朋友，影响力随着时间的推移会慢慢扩大。这是可以预见的必然结果。

翟董听完我说的话，点了点头，说："杨总，你的课程今后会成功的，我看好你。"

早在2013年，机缘巧合，应翟董公司销售总经理熊总的邀约，我去贵阳给翟董公司新招募的MC电缆公司贵州销售团队做过一场内训，主题是：志短人穷。

那次课程主要是以激励销售团队的狼性思维为方向，灌输给听课的新进销售人员，树立志向的远大和短浅决定你未来收入的高与低。

因为不是人穷志短，而是志短人穷。

授课完毕，我指着60多位参加培训的销售人员中的一位叫谭鹏的年轻人说："这小子以后销售业绩肯定高，不出3年肯定是某个地市区域销售老总。"

今年得知，谭鹏荣升MC电缆公司贵州省六盘水地区销售总监。

所以，培训学员成功一定是有方法可循的。

其实很多我身边的朋友不知道我之前学过什么，我没有全职做金融培训前，自己前后参加过的培训课程有50多场。涵盖金融、激励、管理、销售、思维、商业模式、团队建设、企业定位等，光培训老师就多达40多人，费用总计50多万。一个老师如果没有听过那么多的课，自己是讲不好培训课的。

第六期课程中的故事只有两个：郭靖和希瑞。

在第六期授课结束后，进行了一对一的讲解，课程中邀请了多位符合报名的学员加入稳定盈利训练营，结果只有一位报名，就是学员阿勇。

为什么我把阿勇叫作郭靖呢？

一方面他姓郭，另一方面他确实很多地方和郭靖很像，如计算机专业毕业，工作就在洛阳的一家普通企业，收入一般，经济条件一般。但他却报名参加课程了，并且学了课程一年还在做模拟交易，没有做实盘。

为什么？因为他听我给他的建议是先做模拟盘，模拟盘稳定盈利后再做实盘，他自己说模拟盘还不能稳定盈利，所以没有做实盘。

怎么样，可爱吧？更可爱的是，郭靖非常“笨”，笨的和郭靖一样一样的，很多我微信群里的讲课内容，学过三遍了，他有时还是不明白。

但是他报名参加课程了，他严格执行了老师的建议，最起码人家今年一年没有亏钱。

而且郭靖还有一位好太太黄蓉。

郭靖的太太现在专职在家带孩子，2016年8月随着郭靖一起来南京参加密训班的课程，我们课程规定直系亲属中的爱人和孩子只要想学，免费。

我们的课程教学是以家庭为单位的，一人报名全家受益，我经常和学员们开玩笑说，你要是有8个孩子就赚大了。呵呵。

黄蓉可是真厉害，2天时间不但学会全面系统标准，并且记得很牢，如交易计划如何制订、怎样计算以损定量、如何判断品种是做多还是做空、怎么止损止盈、如何判断目前是休息还是可以进场交易、交易选择什么周期等等，滚瓜烂熟。

就这么快，简直就是《射雕英雄传》里面的黄蓉翻版，比郭靖的接受速度快过光速。

希瑞是一位律师，家境原比较贫寒，是靠苦读和勤奋获得了现在的一切美好生活，但在金融投资市场，自学苦读和勤奋完全没有用。

瞧，图片中被打的就是希瑞。

为什么被打？

因为他们公司爆仓了，破产了，她需要接受市场对她的惩罚。

金融市场就是这么残酷，无论你是来自哪个行业的精英，来到这个市场就是幼儿园水平。

还是哪句话，要么立刻退出市场，要么赶快找个你了解、喜欢、认可的老师去学习，千万不要自学摸索。

第六期课程现场图片(与格林大华期货公司洛阳营业部共同主办)

第六期课程现场图片(与格林大华期货公司洛阳营业部共同主办)

第三十七章　会场最大的第七期课程

应华信万达期货总部的邀请，10月下旬在郑州举办了第七期课程。

这次课程的特点是会场大而气派，是在华信万达期货公司总部培训大厅。

课程学习气氛浓烈，但课程现场期货公司客户报名稳定盈利训练营的一个学员都没有，这也为后期我们公司人员离开埋下了伏笔。

看场面很热烈，看学员学习劲头也很投入，可是转换为报名稳定盈利训练营课程的学员就是没有。

我自己都奇怪，难道都是盈利的吗？恰恰相反，亏损的占绝大多数。

这里面有一位学员甚为可惜，他明明实力很强，却终究没有报名，后期亏损巨大。

课程现场倒是有一位万达客户：河南辉县的学员请求报名的，但我拒绝了他，因为我帮不了他。

他是家里有三套房，好像是卖掉两套还是四套房我记不得了。他不但亏损，而且负债了，最要命的是没有稳定的工作，也没有稳定的收入来源。

我着重在课堂上讲了这位辉县的学员应该怎么办？

(1)放弃期货交易，再继续下去死路一条。我这个人比较直白，不喜欢兜圈子，他已经40多岁了，没有机会了，也没有钱了。

(2)立刻把期货账户里面资金取出来还债。

(3)立刻去找份工作或摆个早点摊，这样可以让生活继续下去。

至于后面他是怎么做的我就不知道了，我也只能就帮到这里了。

授课现场有一位来自湖北武当山的粉丝学员刘大哥他报名了，刘大哥不仅自己来学习，还把他儿子也带到现场了，他觉得我的课程非常好。

对我也是非常认可，因为种种原因，刘大哥2015—2016年交易总计微亏2万左右。

可非常奇怪的是，有很多万达期货的客户符合报名条件，我也向他们发出诚挚的邀请了，却一个也没有报名，很是费解。

课程结束后，我在现场说了一段话我觉得非常经典：

今天你们符合报名条件的不来报名，早早晚晚你们都会来报名的。

为什么？

原因很简单，你不来学习还是会亏损，只是亏的少和亏的多的问题，只要你还是在亏损的状态，那报名知难行易课程是早晚的事情。

而且随着时间的推移，年龄的老去，精神上的折磨，最终要么就放弃不做了，要么继续交易，只要继续交易迟早还会出来学习的。

果然今年验证了我去年说的话，两位学员分别报名今年的实盘训练营课程了。

我问其中一位是棉花现货商的学员：为什么你去年没有报名，今年跑来报名了？

他说："哎呀杨老师，去年我是赚钱的，今年赔钱了，所以看到您8 月密训班开课的信息我就第一时间报名了。"

你瞧我说的没有错吧？

我为什么这么自信在当时敢这么大胆地说呢？实在是我太了解这个市场的风险了。

我见过连续亏损多年参加学习后就可以稳定盈利的很多人。我见过连续盈利7年，一个月爆仓亏光所有资金的人。我见过多年盈利，已经资管业务超过5亿，一年垮台的专业期货资管公司。我还见过专业院校毕业职业投资者十多年后一次股灾跳楼的人。

你想想这个期货市场里面风险有多大，你不参加学习怎么能够安全的度过漫长的交易生涯？

期货市场里面亏钱了要出来学习，赚钱了更要出来学习。

我现在每年自己还要参加N场的各种收费培训，免费的课程我现在根本不参加。

为的就是博采众长，学习其他老师的授课方法，不断提高自己的教学水平，更好的服务学员。

一句话：唯有学习才能改变亏损的命运。

第七期课程现场图片(与华信万达期货公司总部共同主办)

第七期课程现场图片(与华信万达期货公司总部共同主办)

第七期课程现场图片(与华信万达期货公司总部共同主办)

第七期课程现场图片（与华信万达期货公司总部共同主办）

第七期课程现场图片（与华信万达期货公司总部共同主办）

第七期课程现场图片(与华信万达期货公司总部共同主办)

第三十八章　没有合影留念的第八期课程

应华安期货总部的邀请，第八期课程11月在合肥华安期货总部培训中心开讲。

这次课程很有意思，组织的领导一位都不在。联系开课的总部黄总打羽毛球把脚崴伤了。

会场负责人金融事业部的孙总去参加党员会议了。所以现场只有一群华安期货金融事业部的小伙伴们负责具体会务工作。但这群小伙伴们不但会场安排井井有条，还将课程间隙我的休息、午餐等工作安排的细致入微。

前几天再去华安期货公司联系资管等相关业务时，楼下几位当时负责会场事宜的小伙伴马上认出我来：杨老师好，杨老师来了。

非常温暖，非常感动。

授课现场第一次加入150万资金的期货模拟实盘大赛，让学员们体会期货大赛冠军是怎么来的。

并且说明期货大赛冠军参赛账户都只是其中一小部分资金，心理逻辑就是爆仓了也无所谓。

说明期货大赛冠军很多是靠满仓赌对行情后获得的，并且优秀的期货大赛冠军都是有着非一般常人的交易天赋，很难具有可持续性和可复制性。

无需羡慕，无需PK，无需效仿！

做好自己，稳定盈利即可。

在2天的学习当中，华安期货的这次培训几乎和万达期货的现场培训惊人的一致。

学习气氛甚至更为浓烈和学员更为投入，可是结果就是没有人报名后期的稳定盈利训练营课程。

可见这个期货市场绝大多数人亏损是一定的。

期货公司已经帮你把期货培训老师带到你面前了，学费又不是好几万、十几万的课程，1万多的课程为什么不去试着学习一下呢？

期货市场哪怕10万的资金，亏个1万多也就是一两天的事情，为什么不能先停下实盘交易，去花钱找老师学习一下呢？万一学习后可以获得稳定盈利结果呢？

又是那个现象，课程口碑不错，就是没有人报名后期课程。

这次我没有在现场再说什么以后大家早早晚晚都要来找我报名学习的话。

因为我已经陷入深刻的思考分析中：为什么报名后期课程的学员这么少？

是课程效果不佳？

不是啊！和前面南京的课程一样设置的讲课流程啊！

南京报名稳定盈利训练营的学员很踊跃，为什么六、七、八连续三期出现很少有人报名学习后期课程的现象呢？

这使我已经有了深深的危机感……

感觉这样的教学方式不对，哪里不对我也说不上来……

而且我清楚地知道，这样下去，刚组建的公司团队可能要散……

这期最大的亮点是：来自马鞍山的一位大哥在股票市场用30万3年时间盈利到1000万，并成功在6月逃顶。

这期最大的遗憾是：所有人都忘记了合影。

第八期课程现场图片(与华安期货公司总部共同主办)

第八期课程现场图片(与华安期货公司总部共同主办)

第八期课程现场图片(与华安期货公司总部共同主办)

第三十九章　人数最少的第九期课程

本期课程是由上海中期期货公司北京营业部主办的，赵总和公司的工作人员杨丽费了九牛二虎之力才请来了十几位学员。

你看，是期货公司硬请来听课的。

难道剩下的客户都是赚钱的？不是，有各种原因不来。

我点头说道：做期货亏损的因素很多，第一要素就是不去参加收费课程。

这个市场那么多人亏损是绝对正常的。

为什么？

因为很多人亏死了都不愿意花钱去参加收费课程，实在令人费解。

有的人左套近乎，右套近乎就是想不用花学费就能问出老师点什么诀窍来。

郁闷死了，连学费都不舍得掏的人，你还指望他上期货大学？还能够从这所大学毕业？

本次课程也沉闷的很，也没有任何学员给我留下深刻的印象。

有一位学员倒是想报名实盘训练营课程，就是身体不太好的绍梅。

我的建议是绍梅如果可以不做，最好别做期货了，身体不好就做做股票算了。

第九期课程现场图片(与上海中期期货公司北京营业部共同主办)

第九期课程现场图片(与上海中期期货公司北京营业部共同主办)

第九期课程现场图片(与上海中期期货公司北京营业部共同主办)

第九期课程现场图片(与上海中期期货公司北京营业部共同主办)

第四十章 令人难忘的第十期课程

应创元期货郑州营业部张华总经理的邀请，2015年12月5日、6日，知难行易第十期课程在郑州举办。

本次课程张总组织的非常完美，除了普通投资者还有一位全国期货实盘大赛第三名获得者(汉武大帝)参加，甚至一家郑州本地的基金公司也组团来学习了。

这一方面说明郑州作为郑州商品交易所属地优势外，另一方面说明张总的组织能力也是非常的强悍。

本次课程中亮点很多：

(1)学员学习非常投入，我讲课也很投入，情绪相互感染。

(2)课程中间的打人环节非常感人，因为迟到违规，一位年长学员需要受罚挨打，他的两个女儿也在现场，争着要为父亲受罚。老大哥却坚持自己受罚，我也坚持按照规则来。谁让我们做的是期货呢？

(3)学员汉武大帝曾经获得过2013年度《期货日报》实盘大赛第三名的好成绩，参赛最高收益率为500%多，可是在我们的模拟期货大赛中却爆仓了，很是说明一些问题。

这个市场的残酷性在于，你曾经的成绩不代表你未来还可以一直盈利，只要你忘记风险，还是会亏损甚至爆仓的。

说明我们要永葆敬畏之心，永存学习之心，时刻保持稳定盈利的思想和做法才是成为寿星的第一要素。

(4)本次课程学员整体学习积极性很高，整个学习氛围浓厚，小组讨论环节异常热烈，几乎每位学员都发表了自己的课程感悟。

(5)创元期货公司郑州营业部在张华总经理的带领下是一支非常专业的期货公司服务团队，整个过程安排的非常细致严谨。

(6)我的好友，和讯网《期货实盘秀》最佳人气嘉宾——左威老师也来到了课程现场给我捧场，并分享了一些自己的交易感悟。

(7)本次课程有一位学员报名参加稳定盈利训练营课程，他就是在某银行工作的阿辉。

目前阿辉以交易股票为主，期货做的很少，学习期货交易系统标准，对于做股票的好处是显而易见的。

第十期课程现场图片(与创元期货公司郑州营业部共同主办)

第十期课程现场图片(与创元期货公司郑州营业部共同主办)

第十期课程现场图片(与创元期货公司郑州营业部共同主办)

第十期课程现场图片(与创元期货公司郑州营业部共同主办)

第四十一章　知难行易课程大学行之洛阳理工

因为格林大华期货公司洛阳营业部和洛阳理工学院有一些工作上的合作关系，经吴总推荐，2015年12月8日下午，我们课程团队来到了洛阳理工学院的一个大课堂。

本次课程主题是讲述大学生在未来毕业后，该怎样树立正确的人生观、价值观、婚恋观以及怎样在工作学习中进步，怎样去创业，怎样去建立良好的人脉关系等很多社会实用知识。

为了达到本次课程对学生们的有效帮助，我们知难行易课程团队一行四人，总计花费约6000多元(差旅住宿、课程奖金都是我们公司自己承担的)完成了本次的课程讲授。

具体流程是这样安排的：

(1)所有参加本次课程学生费用全免。

(2)为了让大学生们迅速进入学习状态，开始就以游戏环节导入课程内容。

(3)最后讲解课程PPT教程。

这次洛阳理工学院组织安排有些不足，可能是因为没有组织过这样类似的课程，没有经验。

整个课程时间由最初准备的3小时被压缩至只有一个半小时，这个时间对于专场培训是绝对不够的。这点时间只够预热和匆忙讲完一半的课程内容，根本讲不细，最重要的问答互动环节时间就一点也没有了。而且是我们到了现场才知道原定3小时的课程被临时压缩到一个半小时了。只有决定把游戏互动环节加强，用以迅速让学生进入学习氛围，后面课程才好讲，学生们才容易听进去、学进去。

游戏其实就是一个简单的单人套绳圈比赛和团队PK个人套绳圈比赛。

通过这个游戏告诉学生们：以后要多去参加培训，多参加培训，才可以不断提升自己的能力，让自己变得越来越有价值。

为了刺激学生上台参与游戏，我拿出来1000多元现金，大声地告诉在场的所有学生只要上台参与游戏就有机会获得奖金。

可奇怪的是我讲第一遍时，学生们没有一个跳上台的，一个近300人的学生课堂上，一个在自己本校的熟悉环境中，竟然没有一个学生主动的愿意上台配合做游戏，有奖金也不愿或是不敢上台。

这是怎么了？

这个社会已经把孩子们教育的时刻提防陷阱，时刻防范坏人，即使在自己无比熟悉的校园环境里。

这是怎么了？

我们的教育从小学到大学就培养这样不敢于参与，不敢于尝试，不敢于表现的孩子吗？

就培养只会习惯于听老师话的乖宝宝吗？真的是堪忧。

直到说第二遍时终于冲上来一个女生昊杰，听这名字就像一个男孩儿。说到第三遍的时候冲上来一批女生。

把我给郁闷死了，男生跑哪里去了，看来学校真的是应该在男女教师比例，特别是男班主任比例上面多配一些，现在的教育把很多男生应有的男人的勇敢品质都搞没了。

直到第四次讲述参与活动有奖金时才有男生跳上台，哎！

游戏结束后，学生们高高兴兴的拿着奖金分别下台了。

接着我又为学生们简单的介绍了一些毕业后学习工作和拓展人脉的一些经验和技巧，还为男女生在未来婚恋问题上做了比较深入的讲解。

婚恋课题表面上看好像没有什么意思，实际上意义非常深远。

课堂上告诉大学生们：

(1)异地恋绝对不靠谱儿，成功概率很低。

(2)找工作回到自己户口所在地或所在省的省会城市工作和谈恋爱结婚更靠谱儿。

(3)尽量在一个行业里面发展和坚持下去，不要总是没有目标的乱跳槽。

(4)多参加学习培训，不断更新知识储备，提升自己的能力，让自己变得更有价值、更值钱。

课程效果如何？远超预期，大受欢迎。

第一个冲上台的昊杰获得第二名，奖金200元，小姑娘很开心，目前她在一家培训机构上班，从事幼儿教育。

知难行易课程大学行之洛阳理工学院课程现场

知难行易课程大学行之洛阳理工学院课程现场

知难行易课程大学行之洛阳理工学院课程现场

知难行易课程大学行之洛阳理工学院课程现场

知难行易课程大学行之洛阳理工学院课程现场

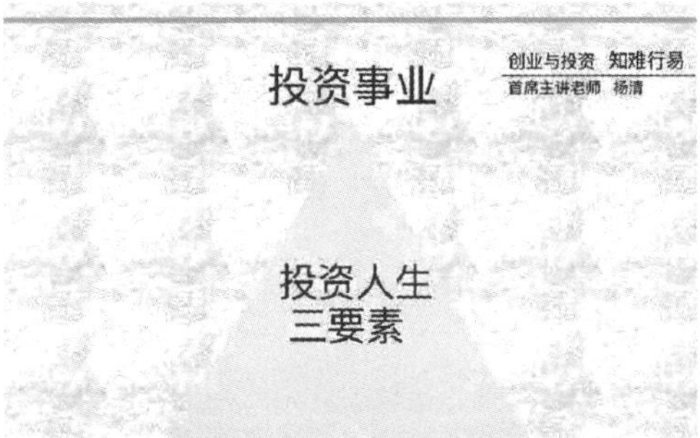

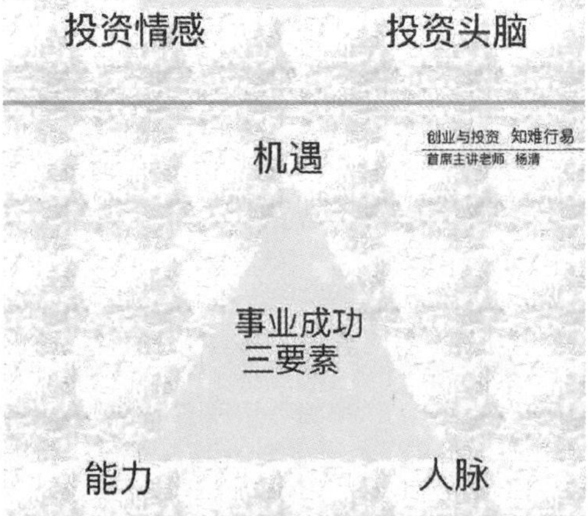

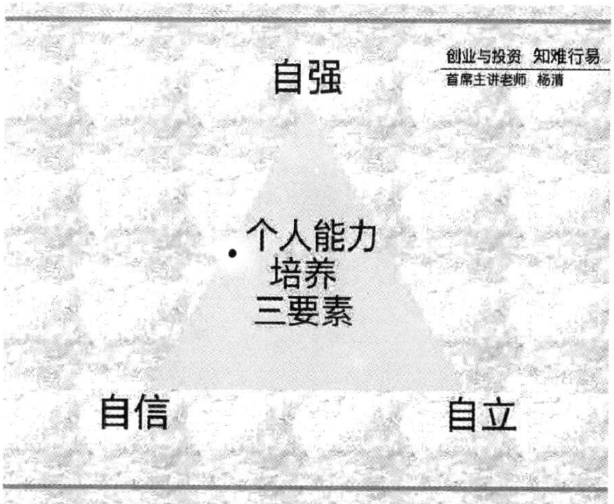
创业与投资　知难行易
首席主讲老师　杨清
自强
• 个人能力
培养
三要素
自信
自立

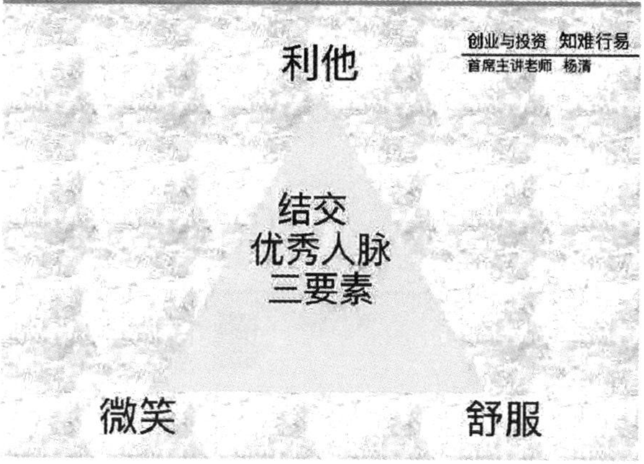
创业与投资　知难行易
首席主讲老师　杨清
利他
结交
优秀人脉
三要素
微笑
舒服

第四十二章　北京第十一届国际金融博览会课程

2015年12月8日，经期货圈内金融人士众筹的北京投资客咖啡厅创始人之一曹军先生的组织安排，我和投资客咖啡厅股东一行8人讲师团参加本次金融盛会的主题演讲课程。

那一天真的是盛况空前，到底是大北京，参加本次金融博览会的投资者挤满了整个会场，人山人海、摩肩接踵，每一个金融展会面前都挤满了热爱学习的投资者们。

我们投资客咖啡厅的会场是在一个相对比较偏的位置，但近300个坐位的会场依旧是座无虚席。

课程现场的讲台很大，是我截至目前所有课程中最大的一次讲台，并且背后是超大LED屏，PPT内容可以让远离讲台65米远的地方都可以看得很清楚。

本次课程我讲课的主题是：期货交易之《知难行易》。

讲述：期货交易者亏损的真正原因，怎么做才可以长期稳定盈利。

讲述：巴菲特追求稳定盈利的好处，利菲默追求短期暴利的坏处。

讲述：期货交易盈利的三大要素缺一不可。

讲述：期货交易者的三种状态分别是什么。

讲述：期货交易者学习稳定盈利五环知识。

讲述：情绪管理控制是做好交易的第一要素。

本次课程获得巨大的成功，台下参与学习的投资者在听课得到感悟时纷纷鼓掌。有很多投资者朋友主动要了我的名片并加了我的微信，部分听众至今与我还在保持联系。看来还是一线城市的投资者更加懂得学习的重要性。

金融交易者只有不断加强学习才能提升自己的交易能力。期货交易唯有参加培训才是走上稳定盈利之路的唯一捷径。

北京国际金融展览会课程现场

北京国际金融展览会课程现场

北京国际金融展览会课程现场

北京国际金融展览会课程现场

北京国际金融展览会课程现场

第四十三章　2015年收官之作的第十一期课程

2015年12月12日，应招金期货北京营业部葛总的邀请，第十一期课程在北京投资客咖啡厅开课了。

咖啡厅内设施齐备，10台显示器遍布咖啡厅，可以让来咖啡厅消费听课的朋友完全无死角的看盘和PPT课程图片。

本次授课后的感悟是：未来是属于年轻人的。

授课过程不再叙述，只说课程结束后的情况：本次课程的冠军小组有个学员叫阿晨，1994年出生的小伙子，是大学刚毕业参加工作的，职业是股票研究员。

这个小伙子我非常欣赏，原因在于下面几个细节：

(1)为人谦逊低调性格好。

(2)情商高嘴甜说话爱笑。

(3)智商高有交易潜在天赋。

说他智商高，首先他是获得第十一期课程冠军组的成员，并且在获得冠军的获奖感言中非常谦卑，非常具有未来交易大咖的风范。而且在获得课程奖金后，并没有自己享用，而是第2天买了很多水果来分享给其他课程学员。

他已经具备了作为一个优秀交易者的很多基本素质，是非常好的可塑之才。

我还注意到一个细节，他买的水果都是那种很贵的水果，说明他从小家境就比较好。

对于这样的学员我是要想尽一切办法都要“拿下”的，我在课程现场向阿晨发出最诚挚和最强烈的想让他加入稳定盈利训练营的邀请。

阿晨现场说回去和家人商议后再做决定，过了大约两个月阿晨报名了。

他先是做的模拟盘，上来运气比较好，连续几单都是盈利的，主要行情刚好符合系统标准，并不是知难行易系统标准有多好、多牛。

一个月之后，阿晨开始实盘交易了，因为模拟盘的轻松盈利，导致阿晨对于期货的风险意识降低。

仓位开始就没有怎么严格按照系统标准要求做，最起码的每天群里截图晒单都没有完全细致地做好，但实盘开始阶段还是因为行情符合标准，阿晨很快半个月就赚了总资金的15%。

因为模拟加实盘的连续盈利，使得阿晨更加放松了对于期货风险的把控，加上我个人的一些问题(我的公司那段时间出现很多问题，严重影响教学，后面表述)。

在接下来的交易中，阿晨资金呈现持续亏损状态，几乎做什么亏什么，从盈利本金15%到亏损本金20%只用了一个多月的时间，他都有些崩溃了。

直到8月阿晨来南京参加密训班课程，终于明白自己为什么开始是盈利的，为什么到后来又总是亏损？

因为只有适合我们系统标准行情的交易才会是盈利的，不适合的行情我们必须休息。这也是我为什么一再强调，休息是期货交易重要的组成部分，不会休息说明你还不会交易。

目前阿晨状态良好，已经将我们系统标准的技术分析方法结合到他研究的股票上面去了，专心研究技术面结合基本面的交易战法，收效颇丰。

本次课程还有一个亮点：就是有一位来自中国人民大学在读法学博士的云鹏也在现场，云鹏虽为法学在读博士，但酷爱期货交易，做得还非常不错，一直是盈利的，唯一不好的就是做的都是短线交易。

我个人是觉得云鹏今后从事法律工作会比从事交易工作更有成就，不然读了法学博士不去做法律工作太可惜了。

云鹏目前在英国留学。

祝这两位年轻人都能够成为本行业的精英。

加油！非常看好你们！

第十一期课程现场图片（与招金期货公司北京营业部共同主办）

第十一期课程现场图片(与招金期货公司北京营业部共同主办)

第四十四章　危机四伏

自2015年9月到2015年12月，知难行易总计开办了10期现场课程，其中第二、三、四期是在南京我自己主办的。

第五期是由华信万达期货资深客户经理李思沅邀请在北京举办的。

第六期是由格林大华期货洛阳营业部吴总邀请在洛阳举办的。

第七期是由华信万达期货金融事业部赵总邀请在郑州举办的。

第八期是由华安期货总部黄总邀请在合肥举办的。

第九期是由上海中期期货北京营业部赵总邀请在北京举办的。

第十期是由创元期货郑州营业部张总邀请在郑州举办的。

第十一期是由招金期货北京营业部葛总邀请在北京举办的。

其中第二、三、四、五期课程学员报名后期课程学习的比例比较高，因为当时第一阶段主要讲述的是理念课程为主，没有涉及实盘讲解，所以收费也很低。

学员只有报名实盘训练营课程才讲解具体的实盘技术分析和系统标准知识。

由于前面连续四期的学员报名实盘训练营课程比较踊跃，我自己就想当然的认为今后报名后期课程的学员也会和前面一样，并且很乐观的觉得，自己的课程很好，肯定会有很多的学员来报名上实盘训练营的课程，期货公司也会大力推广课程，根本不用愁生源的问题。

所以在10月公司招聘了相关的财务、宣传推广、助教、程序化交易员等工作人员，并给予了相对比较好的福利待遇。这样每个月公司运营就相应会增加5万以上的费用。

实际这样做在课程创立之初是不对的，有点儿想当然，现在回过头来想，当时应该把精力放在怎么提升现有学员的交易盈利能力上，而不是把精力花在怎么扩大公司规模上。

期货交易自己能够盈利是一回事，教会别人能够盈利则是另一回事。

我创立知难行易课程的出发点，是以帮助学员获得稳定盈利的结果为导向，不是以自己通过课程赚多少钱为导向，这导致了实盘训练营课程时间越拉越长，由最初的一个月变成了一年。

这其实大大增加了公司的运营成本和我的精力消耗。

为什么要这么长的时间呢？

因为当时很多报名的学员交易时间短，技术底子太薄，有很多基础的东西还要我一点点的教，并且学员技术分析能力参差不齐，很多东西讲了3遍有些学员还是不能理解。

其实还是我的问题，因为我不应该答应没有做过期货的投资者进我们这个实盘训练营，教授这些学员基础知识耗费了大量精力与时间。

幸亏那时一个底线坚持的比较好，就是负债者和傲慢者坚决不接受。

课程从第六期开始，每期上课学员不少，就是报名上实盘训练营课程的学员几乎没有，或者要么就只有一个，这样下去，公司没有收入肯定是入不敷出的。

最要命的是，因为之前没有带实盘学员的经验，所以很容易就陷入了一种“善良陷阱”。

什么叫“善良陷阱”？意思就是，因为期货老师自己的心是善良的，但有些善良做法反而害了学员，继而害了自己、害了课程。

因为近十期现场课程是在9—12月推出的，密度非常大，还要奔波各地，舟车劳顿，自己用于盯盘的时间明显不够。

这种情况导致了实盘指导的效果一般，中间处于爱护学员的目的，指导一些单子时，让新学员都以模拟盘做的交易，在指导学员做的镍、铜、橡胶3个品种空单中，都是保证金翻倍的单子，好行情都浪费了，等到12月的时候，市场行情波动已经趋向震荡整理状态了。

在这种震荡行情中，我们趋势交易者是最难受的，为了怕学员交易亏损，我总是想指导正确性最好的那种单子。

这就是典型的掉入“善良陷阱”，这是之前C哥遇到的问题，期货教学也好，帮助他人也好，善良是可以的，但在技术系统标准面前，必须要完全遵守，坚决执行，亏就亏了，很正常，因为盈亏同源，没有亏损风险，何来盈利？

有些东西说起来简单，做起来还是很难的，其实当时我还是没有遇到过这种“善良陷阱”问题，自己不知道怎么应对，才会导致后来的危机。

当时的情况对于我来说，没有经历过，总想着让学员赚钱，怕学员亏钱，这样一来，只要我提示的单子，学员一做单，我就高度紧张，比自己做单子还要紧张10倍。

本来自己交易晚盘已经不用盯盘了，并且睡得很香，可是指导学员做单后，变得紧张兮兮，晚盘又开始不自觉地盯盘到11点半，又开始睡眠不好了。

结果，睡眠越来越差，导致课程的拓展工作也越来越差。

其实当时整个公司的课程销售、讲课、实盘指导等都是我一个人在做，搞得我异常疲惫，渐渐地我感受到一种强烈的、深深的危机包裹着我透不过气来……

第四十五章　公司员工解散

从2015年12月到2016年2月，因为公司运营成本增加的压力，以及课程推广的停滞，我深深地陷入到一种焦虑中。

为什么停止课程的推广工作？因为当时实盘训练营的训练效果很差。

其实，按照行业内5%的投资者，从亏损到参加培训后可以获得盈利的转化率来说，我们知难行易的课程效果肯定是超过5%的。

可是我的目标是100%，达不到100%，但总要在50%以上吧？

当时因为课程刚开始办没有几个月，很多新学员刚参加培训，甚至还有几位没有做过期货投资的新手，那段时间学员盈利的少，我自己感觉课程效果不行，所以就暂时停止招收新的学员，准备潜心先把课程做好，把现有学员教好。

可是一停止招收新学员，公司财务状况立刻恶化，入不敷出。

因为10月份开始陆续增加了很多员工，而这些员工在本行业内都是陌生的，没有做过相关的工作，导致所有开发学员工作、教课工作、实盘指导等都是我一个人在做，就好像公司的事我一个人在做，却还要养活很多员工。

这实际上开始招人的时候就错了，在每个月没有稳定的学员来源前，没有专业的课程销售推广人员到来前，是不应该把基本工作人员招那么多进公司的，那只会消耗你公司的现金流。

结果，收的学费到了元旦就已经用完了，一月份公司的运营费用开始从家里拿钱来支出了。

开立课程的时候，发自内心的是为了帮助投资者从亏损的泥沼中走出来，可是帮助他人的第一原则是要在自己能力范围之内，超出能力范围的事情是不能长久坚持的。

从1月份开始连续每个月3万多元的员工工资支出，总计约10万元的钱很快就花完了，这个时候，我面临着两种选择：

(1)自己拿一些资金去交易，从交易中获利来养公司。

(2)立刻解散公司。

我很快就否定了第一种方案，因为，如果这样做，就陷入了另一种非赢不可的交易境地，那样一定是会亏损的，原因很简单：心态已经坏了，交易必乱，一乱必亏。

只有解散公司了，3月底，我几次三番忍了又忍没有说出来，到了30日实在不能再继续拖下去了，把公司员工集中起来开了一个简短的会，十分抱歉地告诉大家，因为种种原因，公司决定先暂停工作，人员全部解散。

大家对公司经营状况都已经了解，对于解散公司并不意外，只是时间问题，所以也都表示理解，这令我很欣慰，最后每位员工按照国家相关劳动法规定发放了45天工资，正式宣告公司员工解散，招生工作暂停。

公司解散这个事情发生以后，很奇怪，我内心不仅没有任何的难受，反而有种如释负重的感觉。

可能是之前焦虑了很久，也纠结了很久，终于解脱了。

公司还留下了一位工作人员，助教阿雷。留下阿雷是配合我准备的另一种课程模式：喊单课程。

就是让过去听过课的一些学员报名上喊单课程，每月收取喊单费用，然后通过喊单实盘操作教学。

这又走了一个弯路。为什么？因为教学和喊单是两回事。

通常的喊单盈利模式，是通过给投资者喊单获取投资者的交易佣金收入，手续费比较高。

这种收入模式对于投资者比较易于接受，因为是“免费”喊单。实际上这种喊单费用高的离谱儿，因为这种喊单，喊单者的收入来源于手续费，必定会以来回刷单来达到增加交易量，继而实现收入增加的目的。

而我的喊单课程是每月固定收取一定的金额，不会频繁地交易。

但这种模式也是错的。

为什么？因为来找你喊单的都是亏损者，很多人的心态是比较急的，每天时时刻刻都想着交易，很容易把老师想成肯定是每单都盈利的，而且很多投资者本身就没有多少资金，资金量主要以小资金为主。

开始喊的几单中还是不错的，后来因为喊的周期越来越小，单数越来越多，反而错误率在增加。

月底一结算，算上股指总体扯平，没有做股指的还亏损。

3月份的行情一开始就比较猛烈一点，主要集中在黑色系，如果没有一个好的进场点位的话，按照我的交易习惯是不会追的。这导致黑色行情在这波喊单中几乎没有做到，其他品种又大多没有行情。

小盈小亏的，中间过程主要以30分钟以内的小周期为主，这又是错误的。由于周期小了，中间喊单过程中，学员做进去和出来的时候跟喊单价格有时滑点很大，因此从喊单开仓到学员收到信息再下单是有时间差的。

还有，我已经转向大周期的日线级别行情了，再喊单小周期单子有些不适应，再加上小周期的“布朗定律”的不确定性，所以效果并不好或者说比较差。

到了4月份更是不好，好不容易熬到4月底，这种模式再也坚持不下去了。

再次停止，这时我才意识到出大问题了。

第四十六章　在反思中研发并测试plus版本课程成功

我必须停下来休息，认真去思索问题到底出在了哪里？

为什么之前自己交易可以稳定盈利了，怎么教学效果这么差，怎么喊单效果这么差？

5月助教阿雷也离开了，我整整在家里静心休息了一个月，仔仔细细反思这近10个月的教课历程。

2015年7月第一期课程开始，当时是微信教学，理论为辅，实盘为主，带领学员全部当月获利资金翻倍(开仓的保证金)，课程大获成功。

9月开始线下课程，为什么效果就不如7月的好呢？

为什么过年后的喊单课程效果就更差了呢？

终于在静心一个月之后总结出以下几点原因：

(1)7月份课程是微信课程完全免费，学员和我不认识，大家相互之间没有感情，带领学员交易完全没有压力，再加上行情配合，严格执行系统标准，效果就很好。

(2)后期学员很多见过面，相互认识，又收费了，想着学员不能赔钱，否则就对不起学员，正是这种心理害死人。

(3)9月份之后课程密度过大，自己用于实盘盯盘时间不够，对于期货市场整体方向失去了判断。

(4)之前没有经验，陷入“善良陷阱”。

(5)喊单周期过小，不适合自己的现有交易习惯。

(6)好行情没有让学员坚决去做，震荡行情却做了很多单子，错失了很多机会，这就是盯盘时间不足的后果。

(7)盲目过多、过早的招聘公司新员工，增加了运营成本，引发情绪焦虑，交易受到影响。

把这些问题梳理好了之后，5月份很轻松的在家里盯盘一个月，对于市场走势和品种走势了然于胸了。重新整理后确定了在知难行易课程中新增加了plus版本系统标准。

plus系统标准是原课程系统标准的增强版，可以有效增强交易的胜率和盈亏比。

为了检验新课程plus版本系统标准的效果，这次特意找了一位郑州的学员雅南作为喊单学员再次测试新课程效果。

6月份我只为雅南一位喊单学员喊单，首先周期上面全部用的是日线级别单子。

结果喊单8个，盈利7个，1个止损，再次大获成功。

盈利资金超过喊单费，我十分满意，雅南也是十分满意，这次的成果雅南也是至关重要的角色。

因为她完全信任我，我怎么说，她就怎么做，完完全全按照我的喊单标准去做，如开仓、持仓、平仓、移动止损、主动止损、被动止盈等，执行力超好。

这时我就非常清楚系统标准是肯定没有问题了，主要就是怎么去加强引导学员的学习领悟力和执行力了。

第四十七章　密训班课程喜极而泣(一)

为更好的服务老学员、帮助老学员们能够大面积的稳定盈利，我决定2016年的8月6、7、8日这3天在南京举办密训班课程。

课程着重讲述知难行易期货稳定盈利系统标准的plus升级版本内容，除技术系统增强标准外，增加了交易者情绪安危图的理论教学，透过这个安危图，交易者可以清晰的看到自己是处于安全区域还是处于危险区域。

不是赚钱越多一定越安全，反而有时是赚钱越多越危险，特别是连续多年盈利之后，若没有加强自身的学习修养提升，实际上是盈利时间越长，盈利金额越多，离崩溃的悬崖越近。

该套理论完全是由我的切身经历感受后自悟研发出来的课程，市场上根本没有人会讲，也根本没有人会遇到进入危险区域的应对处理预案，因为他们没有经历过。

这个理论光有文字说明还不容易表述清楚，必须在课程里面用文字、图片、案例等共同结合才能够表达清楚。

密训班的课程本来没有计划招收新学员的，可是两个情况的出现改变了我的安排。

(1)最初预想可能会来12～15位老学员，但只报名了9位，而会场可以坐下12位学员。

(2)因为之前的很多学员推荐，和在2016年5～7月讲了3场公开课课程，有一些全国各地的粉丝等着我开课的时候来报名参加，所以我从众多的报名者中挑选了3位具有代表性的学员参加本次密训班课程。

他们是豆油现货商安徽学员阿东、棉花现货商河南学员阿雷和银行工作的上海学员阿光。

阿东是参加华信万达期货合肥营业部组织的一次油脂油料课程当中的听课学员，他不是华信万达期货公司的客户，是被别人拉到这个讲课会场听课的，十分有缘。

他听完那次我简短的公开课内容后，内心就十分笃定地告诉自己，我以后就跟着杨清老师学了，这可能也是为什么后来他的交易账户能够迅速稳定盈利的一个最最重要的原因吧？

我后来问他：你为什么只听了我那么短的时间讲课，就决定今后跟着我学习呢？你就这么信我，万一我不行呢？没有给你带来盈利，你怎么办？学费不是白交了？

阿东说：老师，我当时虽然只听了你讲1小时的课，但是我能够听懂老师你讲的内容很真实、很有爱，理念很先进、很实用。

你说做好期货交易最重要的是情绪管理而不是技术分析，情绪管控的好，在于执行力的到位和坚决，这些我都完全认可。

我觉得这样一位讲真话、办实事的老师值得我跟随学习，再说1万多的学费就算短期没有获得稳定盈利的结果，但能够认识一位期货专业培训老师也值了。

阿东的一番话令我非常感动，我不止一次告诉参加我课程的学员，你来参加知难行易稳定盈利训练营，我负责教会你稳定盈利的方法，你只需要负责相信按照我指引的方向做就可以了。

知难行易已经获得稳定盈利的学员，没有一个不是对我完全信赖，老师怎么说我就怎么做，并且跟我的联系互动非常紧密的。

我告诉朋友们一个秘密，无论什么培训课程，你只要参加就要完全信任这位老师，如果有一丝怀疑，就要立刻离开，不要逗留。

如果你是非常信任，请一定要跟这位老师打成一片，建立非常紧密的联系，这对于你获得稳定盈利的结果至关重要。

最起码要做到老师提议的事情要积极全面的响应，放心你只会得到的越来越多，不会吃亏的。

8月5日晚上第一批学员到达南京，我在位于雨花台紫荆广场的粤式餐厅宴请先期抵达的学员们。

他们是第二期学员深圳阿伟、第三期学员福建阿杰、第五期学员奇奇的朋友北京学员翠翠、第六期学员阿勇夫妇和第十一期学员90后阿晨。

为什么免费课程，免费教学，还要花钱请学员吃饭呢？因为我压根儿就没有把学员当作学生。那当作什么？

我把学员当作亲人，当作挚友，当作生命中的贵人，因为他们都是来成就我的。

我始终认为，一个课程的成功必定是学员的成功，只有学员的成功才是老师的成功。

我的理念是，三人行，必有我师。我从来不敢轻看我的任何一位学员。一次授课、 ·生朋友。

我是万分珍惜这难得的师生之情，因为太多的事情让我这个做老师的感动。

第四十八章　密训班课程喜极而泣(二)

一是感动在我还没有任何名气的情况下，很多学员仅仅是听了一段课程或网络上根据我的文字就判断值得跟随我学习，对我十分的信赖。

二是感动学员每次来南京看我都带着礼物，或每逢节日都会有学员送礼物给我，特别是福建的宗杰更是“过分”，几乎每隔一段时间就给我寄来福建的茶叶。

三是感动学员们很有耐心，在我最困难的时候都是默默地等待和忍耐，没有埋怨，没有催促，没有任何对课程的不满，有的只是满满的信赖，满满的支持

这哪里是师生啊！这分明就是一路相伴携手向着“北京”方向行走的好兄弟、好姐妹！这分明就是亲人、家人！

有了这样的学员、有了这样的亲人、有了这样的家人，课程效果怎么能不好?!

在授课过程中着重讲解了plus版本系统标准对于交易的重要性，学员听完该技术系统标准原理后，恍然大悟，终于明白了如何定义在市场出现什么情况下休息的概念了。

终于明白为什么原系统标准有的时候赚钱很容易，而有的时候亏损却很多，原来是在不该交易的时间段过多频繁的交易了。

课程中间再次重新讲述了风险的控制防范方法，以及重点讲述了我们交易者如何运用安危图自检自测自己是否处于交易安全区域。

这对于未来长久的稳定盈利起到了革命性的作用，理念知识得到更新与升华。

课程期间明显感觉参加本次课程的老学员思想境界又上升了一个大台阶。

毕竟是第一次参加这样的课程，新学员还比较懵懵懂懂，接受、咀嚼、消化、吸收肯定有一个适应过程，但很快就融入到这样一个环境中。

阿雷其实是很早就参加了我们课程第一阶段的学习，他参加的是第七期的学习，但他当时并没有报名后期的实盘训练营课程。

我问他为什么当时没有报名？他回答当时听课时是赚钱的。我又问，那为什么现在来报名了？

阿雷说：哎呀杨老师，这不是今年赔钱了嘛，看见您8月份有密训班，就赶紧跑来报名参加了。

我笑着说：你还记得我在你们那期说过的话吧，早早晚晚你们都会来报名上我的课的。

为什么？因为原因很简单：

(1)你们不来，很可能还是处于盈利的状态，只要某一次亏损的疼了，你们就会想到我。

(2)随着知难行易课程和本人知名度的提高，名气越来越大，你们就会被再次吸引来报名参加稳定盈利训练营课程的。

我这个人讲课都是讲这个市场里面最真的一面，而且我这个人从来不装，更不会用商业手段去营销自己的课程，我做期货培训课程不是为了自己赚钱，而是为了帮助有资金亏损者获得稳定盈利结果，是帮助劝解没有资金的投资者离开期货市场并给予方向性指导，是真心帮助他人，甚至可以说是在救一些投资者的。

我们的课程完全是一种因人、因财、因材施教的一种特别细致的期货培训课程。

这里告诉大家一个事情，在金融培训课程中，期货老师是完全可以教股票课程的，而股票老师如果没有做过期货是绝对不能教期货课程的，两者差别很大。

坦白地讲，目前的期货培训市场里面充斥了很多伪期货老师，这些老师之前是做股票出身的，但自己没有做过期货，因为经济利益也跑出来讲期货课程，这类老师你是不能去参加他们的期货培训课程的。

那么，如何鉴别呢？

(1)很简单，你去调查这位老师名下有没有开过期货账户。

(2)期货开立账户最早是哪一年，距今有没有超过5年。

(3)问老师以下几个问题：①文华财经期货交易软件云端条件单的使用步骤和方法；②塑料、pp、沥青、甲醇分别是哪个交易所的品种？分别变动价位是每跳多少点？一个点代表多少金额？每手分别代表几吨？③国内品种中黄金、铜、豆类、农产品油脂中豆油和棕榈油对应的外盘分别是哪几个国家的交易品种？

如果你当面请教你的老师这些问题，老师回答不上来或支支吾吾地搪塞你，你就可以直接走了，可以确定这是一个伪期货老师。

为什么说只做股票，没有做过期货的老师不能教别人做期货呢？因为期货的杠杆是股票的10倍，并且期货交易软件要比股票交易软件使用复杂得多，最重要的是股票只是一个单向市场，而期货是双向市场，其很多特性是股票市场所不具备的。所以说只做股票的老师是不可以教期货的。

2016年度密训班课程现场图片(与中信建投期货公司南京营业部共同主办)

2016年度密训班课程现场图片(与中信建投期货公司南京营业部共同主办)

第四十九章　密训班课程喜极而泣(三)

在授课过程中，我欣喜的获知，在第二期参加密训班的学员中青海阿君、深圳阿伟、无锡万玉今年都是稳定盈利的，并且盈利幅度很大，都超过30%，有的还超过了50%。

另外，第四期学员上海的阿亮也是稳定盈利的，加上已经毕业的第四期学员石家庄的阿海，等于现在前几期的老学员大面积在稳定盈利，课程效果已经显现，这令我十分高兴。

喜极而泣的崩溃点来自授课第2天中午吃饭时，刚吃到一半的时候，我突然想起第二期的四位学员中还有一位学员没有参加密训班，我很想问问他今年交易是什么情况。

他就是第二期学员济南的小凯，小凯是位80后，开始来南京学习是通过网络上我写的文章分享慕名来找我的，他参加一阶课程目的很明确，就是要跟随我学习。

他是第一个报名参加知难行易稳定盈利训练营课程的学员。

去年交易就一直稳定盈利，在极短的时间里就把学费赚回来了，并且仓位还不重。

今年因为谈恋爱了，所以平时交流的也就比较少了。

这次密训班他没有报名，我就给他发了一个微信：世凯，你现在交易做得怎么样，准备什么时候结婚？

过了一会儿，小凯回了信息：

老师好，最近忙于装修房子和准备结婚事宜，就没有参加密训班，在群里说话也少，还请老师见谅，谢谢老师对我的牵挂。

我今年最高盈利50%，现在是盈利38%，我觉得回撤有点儿大，还是控制风险这块做得不够好，还需要在进一步修炼。

大家看到没有，这就是我们课程的特点，学员盈利后不是开心和狂妄，而是寻找问题所在，怎么样把风险和回撤控制的再好一点。

我赶紧接着问：恭喜你，可以稳定盈利了。那你说说在学习过程中，作为参加课程的学习者自己需要做好哪一点？

小凯回答说：老师，我觉得最重要的一点就是自己根据老师您教授的系统标准做，再结合自己的特点来决定周期和具体交易方法，也就是在您教授的技术系统标准框架上结合自己的特点，形成属于自己的交易系统，因为这样更容易执行。我就是这么做的。

说实话，老师您原来在群里喊的单子我一个也没有做，我只做我自己思索和决定做的那些单子。我觉得只有这样提高的最快，领悟的最快，可以把老师的交易系统标准转变为自己的系统交易标准，为的就是自己能够更容易执行。

听完小凯一番话，我的内心无比激动：

(1)第二期学员和第四期学员今年已经全部稳定盈利，完成了我的梦想，课程学员从亏损转变为稳定盈利率为100%。

(2)课程不但在账户上面稳定盈利了，在学员的思想层面也已经稳定盈利了，这样今后就可以保证学员长久的稳定盈利下去。

我给小凯最后的回信是这样的：

很高兴看到了你的成长，但不要总是不在群里说话，要和大家在一起多交流，互相帮助，相互提升，共同进步。

你作为知难行易稳定盈利训练营的学员，在自己成功了以后，有责任也有义务去帮助那些还没有获得稳定盈利的同学去开悟。

不然就失去了知难行易课程帮助他人的这个发自内心的传统了，课程也就没有办法去传承了。

也就没有办法继续发扬光大，也就没有办法去帮助更多需要帮助的人。

小凯听完我说的话，连声说道，老师请放心，今后我一定在群里多和大家相互交流，帮助其他学员，下次密训班我也一定参加。

我最后告诉他，你现在成功只是小成，要想大成，只有去帮助更多的人成功，你能够帮助多少人，就有多少人反过来成就你。

做金融交易，要拥有海洋一般的宽广胸怀才能得到人生和交易上的双重成功。

请记住：厚德载物！

千万不可有点儿小小的成绩就沾沾自喜，固步自封，不愿与他人分享，活在自私的世界里，要多感恩上天对自己的恩宠，让自己开悟后可以获得稳定盈利的结果。

帮助他人其实就是帮助自己……

和小凯说完之后，我的内心久久不能平静，回想着自己期货交易经历，回想着课程教学经历，回想着自己种种坚持的不易，回想着创立课程时所有人的质疑和不支持，回想着拒绝那么多不符合报名条件人的坚持(那可是20多万的学费收入啊)，回想着公司遭遇困难时的焦虑和对课程是否能够成功的迷茫……

终于在这一刻，我再也无法抑制内心的喜悦和各种过往的心酸，眼泪汹涌的沿着眼角澎湃地流了下来……

旁边还有几位学员，他们不知道发生了什么事情，又不好过来问，纷纷愕然的望着我，我连忙抑制住情绪，用纸巾擦去眼角的泪水，连忙起身走向电梯，在空无一人的电梯间，我再次无法抑制情绪，用纸巾双手掩面，双肩不停地耸动，终于毫无顾忌地失声痛苦起来……

2016 年度密训班课程现场图片(与中信建投期货公司南京营业部共同主办)

第五十章　密训班课程喜极而泣(四)

太不容易了!

想想自己多年亏损后的无奈惨景。

想想自己亏损不知怎么办时无助的惨景。

想想自己如果躁狂加抑郁症不能康复的后果。

想想课程过程中遭遇不顺利时的各种死撑。

想想我们做期货交易的投资者承担来自经济、家庭、生活的各种压力。

我宁可从来没有做过期货，我宁可从来没有见过期货，如果上天再给我一次选择的机会，直到今天我还是会说那句话：我不会选择做期货。

可是，这个行业的残忍恰恰是你只要做了期货，就注定一辈子会纠缠在其中。很多时候，它会像非洲蚁群中的蚂蚁一样慢慢地啃食和撕咬着你早已经脆弱的肉体和灵魂。

这是一个注定不是生就是死的行业，在这个行业里最惨的不是死亡，最惨的是你想死，却又不能死、不敢死，直至每天行尸走肉般生不如死的苟活着。

哭吧，哭吧，这一刻尽情地释怀吧，这一刻尽情地宣泄自己的情感吧，让喜悦和辛酸都成为过去！来吧，让自己跟往事干杯！

傳
百
年
南
京

第五十一章　参加和讯网金牌栏目《期货实盘秀》(一)

密训班的最后一天是两位做现货商的新学员参加实盘操作教学，他们是来自河南的棉花现货商阿雷和来自安徽的豆油现货商阿东。

2016年8月8日8点整我们师生三人来到课程会场，先是带领学员复盘周五内盘走势，以及外盘的周五走势和周一早盘后的走势。

根据技术系统标准提示，崔东开盘做了豆油和甲醇的多单，他是依据周线级别信号标准做的。

他根据自己的交易习惯，仓位稍微重了一些，其他操作没有任何问题。

我着重讲述了要做大周期的必要性和现货商(我之前就是铜现货商)怎么做好期货交易的关键点。

阿雷终于明白自己原来做的棉花套保单子是什么原因亏钱了，我把正确的方法已经教给他了。

教会他们现货商如何采用抄底摸顶的方法去做期现结合的交易，以利于降低资金成本、增加销售量、规避库存风险、规避经营风险等具体措施和步骤。

阿雷当天做的是铝和橡胶的日线级别多单及甲醇的周线级别多单。

目前两人账户资金状况是崔东盈利约15%，阿雷微亏。

2016年8月13日，好友左威老师发微信过来，说他周末要去上海，周一在和讯讲课。

左威兄1982年生人，现定居郑州，是一位经历过枪林弹雨的期货老兵了，2015年做股指期货盈利本金近10倍，他是和讯网《期货实盘秀》栏目的最佳人气嘉宾。

他问我：杨老师，我要去和讯讲课，你陪我一起来上海吧，我推荐和讯《期货实盘秀》栏目主持人与你认识一下，你也上节目去讲讲课。

我说我行吗？

我可没有您那么骄人的实盘成绩，我只能教投资者每年20%～30%左右的稳定盈利的交易方法。这成绩能上和讯讲课？

可以的，杨老师，我虽然没有去听过现场课，但从你微信分享的文字中，从你的小说经历叙述中，感受到你是一位好老师，你去和讯讲课肯定是没有问题的。左威兄继续鼓励着我。

我说：好吧，那我去试试，和讯如果没有看上我或者上去讲的不好，你可不许笑话我。呵呵。

怎么可能笑话你，你一定行的。左威兄再次鼓励着。

你看一个人只要是真善美的传递者，总有贵人懂你、帮你。

2016年8月15日上午，我跟随左威兄来到位于上海时代广场17楼的和讯公司，见到了《期货实盘秀》主持人黄哲。

由于先要录制节目，所以一直在录制厅外面等到10点半结束后才和黄哲说上话，简单交流了20分钟，黄哲说："杨老师，你可以的，这样吧，你讲周四和周五这两天的课程。"

我说："啊？这样就可以啦！你对我了解还不深，这样就可以讲课啦？"

黄哲微笑着说："杨老师，刚才跟你的简短交流中已经知道你是属于'有料'的老师，你就不要谦虚了。"

我说："好吧，那我就先试讲两天吧。"

转身我再次向左威老师表示了衷心的感谢。

2016年度密训班课程现场图片(与中信建投期货公司南京营业部共同主办)

同左威老师的合影

第五十二章　参加和讯网金牌栏目《期货实盘秀》(二)

2016年8月18日，我来到上海作为嘉宾参加和讯网金牌栏目《期货实盘秀》第295期节目的录制。

主题为：教你没空盯盘的盈利系统。

为什么第一期录制节目就讲这个主题，原因很简单，因为这个市场的绝大多数投资者是没有时间盯盘的兼职交易者。

没有时间盯盘的交易者就不能去做小周期，也不能去做日内单，否则很容易亏损。

在节目中，我简单介绍了一些交易技术的小技巧，着重讲解了期货交易稳定盈利的一些重要知识，并阐明期货交易成功的第一要素是情绪管理与控制做的要好，而不是技术分析能力。

随着课程在和讯的播出，让我没有想到的是，居然有很多和讯网网友喜欢我的这套交易理念，很多人认可我的关于情绪管理是做好期货交易第一要素的说法，而且很多朋友表示希望我多讲几期。在主持人的邀请下，我后面又讲了4期节目。

第296期的主题是现货商为什么亏损？

在这期节目中讲述以下几点原因会造成现货商亏损：

(1)把套保当投机。

(2)超头寸去套保。

(3)没有完善的期现结合交易系统标准和规则。

第307期的主题是逢高做多和逢低做空的顺势交易法则。

第308期的主题是做个保护本金的二B青年加入三K党，强调金融投资本金安全的重要性。

第309期的主题是讲述交易者分为活着、自由和财富共三个阶段。

绝大多数交易者处于活着阶段，如何跨越活着阶段进入自由阶段，再如何从自由阶段进入精神和金钱的双财富阶段做了深刻的讲解。

五期节目录制完毕，网上好评不断，纷纷给我留言或加我微信做进一步交流。在这里，再次向喜欢和支持我的广大和讯网网友们表示忠心的感谢，祝福你们在未来的投资生涯中一切顺利，都能够做个寿星。

第五十三章　知难行易投资智慧现况和未来规划

(1)目前在帮助一位郑州的现货商学员建立钢材期现结合交易部，主要是帮助其企业运用金融工具为现货贸易做好服务工作。

(2)课程与和讯网深度合作，9月24日推出了微信课程，10月15日推出了现场培训课程。

(3)知难行易课程的11个实盘培训基地分别确定落户在北京、上海、深圳、南京、合肥、武汉、郑州、大连、西安、成都、乌鲁木齐。

(4)2017年将会发行以知难行易命名的期货资管产品。

(5)和国内期货交易软件文华财经的合作课程即将于2016年11月上线。

(6)知难行易投资智慧系列股票课程将于2017年3月推出。

后　记

我个人觉得，做期货想要获得盈利不难，难的是长期获得稳定的盈利。

这个市场里一直有个误区，就是很多人误以为只要学会技术分析就肯定能够获得稳定盈利的结果。

通过我自己多年的切身感受和身边的老师、交易高手、大赛冠军的经历看，实际上要想做到稳定盈利必须修炼好五个环节。

第一个环节就是技术分析，有了技术分析标准可以使投资者有了拐杖，不会盲目交易，导致亏损。

这个环节的学习通常比较简单，学习的关键点是想办法找到一套适合自己的开平仓技术标准，这个标准可以是单一技术，也可以是复合技术。标准尽量简单化，不要太过复杂，因为越简单，越容易将标准量化，也越容易执行。

第二个环节就是资金管理，有了资金管理，可以使我们的账户资金曲线变得平滑，有利于情绪不会在极端行情中失控。

学习方法也很简单，按照总资金的固定比例设置每单止损金额对应开仓手数即可。

第三个环节就是健康管理，期货交易是一个对于脑力和体力要求都很高的一个行业，没有一个好的身体是不行的。投资者特别要注意精神健康的学习和管理，一定要做好躁狂症、抑郁症等精神疾病的预防工作。

第四个环节就是婚恋管理，很多人对婚恋管理不以为然，认为不重要，从我看到的很多案例中发现，交易者的精神崩溃和绝望自杀，绝大多数就是因为婚恋管理没有做好，在事业失败的时候，婚姻也随之失败，成了压断自己心态崩溃的最后一根稻草。

其实，婚姻也是需要我们好好经营的，平时多花一些时间陪伴家人，多关心身边的爱人对于做好交易也是非常有帮助的。否则婚姻失败，轻则家庭财产损失50%，重则净身出户资产爆仓清零，落得妻离子散的局面，对孩子的未来影响也是巨大的。

所以不要太沉迷于交易，我们做投资本来是为了赚钱后更好的用于改善家庭生活，切不可本末倒置。

第五个环节就是情绪管理，也是最最重要的环节，它是长期稳定盈利的第一要素，只有情绪始终平静稳定，资金账户才有可能稳定盈利。因为我们交易的并不是技术，而是我们的情绪。

情绪失控是造成账户大幅亏损最重要的原因，情绪的管理与控制，主要通过我们修炼好由心转境的能力，无论遇到什么情况都可以使自己的情绪很平静，那么做到账户稳定盈利就会变得很容易。

去学习一些佛法，去找寻一些信仰，平时多注意情绪波动时的控制和平复，对于交易是大有益处的。

在这个市场里面有一些朋友是绝对不能再去做期货交易的，这些朋友我归类为：

(1)负债者且没有什么经济来源。

(2)没有负债但家庭收入比较低。

因为期货交易无论是去找老师学习或者自学摸索都是需要花费用的，期货交易也不是说一学习马上就会立竿见影的见效果，它也是需要行情配合和时间磨合的。

那么在这样的一个磨合时间对于资金的消耗可能会比较多，如果没有持续的资金跟的上，是很难实现盈利的。还有最重要的一点，负债者和家庭收入低的朋友做交易一旦产生亏损，很难做好情绪控制，因为他只能盈不能亏。

期货交易风险巨大，需要我们交易者一生都要小心谨慎的稳步前行，需要我们每一位投资者不断学习提升自己的能力和修为，健康长久地在市场里面活下去。

最后再次向帮助过我的老师们、朋友们表示感谢，我能够有今天的一点点成绩离不开大家的关心和支持，谢谢大家！祝福我的老师、朋友们，以及每一位投资者朋友都能够投资顺利、身体健康、家庭幸福。

附录1　学员感悟

因为通过期货而认识杨清老师，忘不了您和风细雨般的话语，荡涤了我心灵上的尘泥；忘不了您浩荡东风般的叮咛，鼓起我前进的勇气。

您让我懂得了人生不只是追求赚钱，还有很多更有意义的事情，感谢老师一年多的教导。

第一期学员阿飞　香港地产商

没听杨清老师课程时，我是一个对期货一无所知的小白，对于小白的我来说，杨老师的讲课风趣、简单易懂、实用操作性强，同时也教会我很多做人的道理，对于杨老师授人以渔的精神我十分的敬佩。非常感谢杨老师毫无保留的教我们，谢谢！

第一期学员阿婷　香港

期货生涯深似海。起初进入期货市场的迷茫现在还历历在目，幸亏上天的眷顾，让我遇到了杨清老师，给了我方向。

我不再为何时开仓平仓而发愁，更不再为如何止盈止损而忐忑不安。您不仅是新手投资者的引路人，更是成熟投资者的风向标，指引着我们通往盈利之路。

衷心的感谢杨清老师，您在投资上和生活上对我的指导，我将终生受益，您的恩情我也将永记在心。谢谢！

第二期学员小凯　山东济南

在你认为的一层薄薄的纸，于我而言却是一堵厚厚的墙。你轻轻点破的是薄薄的纸，倒下的却是围堵我厚厚的墙。我是去追求期货交易的稳定盈利，却收获了人生稳定盈利的智慧。感恩杨老师，大度，大气，和谐，平和。

第二期学员阿君　青海西宁金融高管

“衣带渐宽终不悔，为伊消得人憔悴。”陷入期货无尽的亏损漩涡难以自拔的我，有幸在天涯论坛结识杨清老师，被其人格魅力所吸引，义无反顾地参加了知难行易一阶、二阶课程。没成想完成了人生的一次彻底蜕变，从一个亏货摇身一变，成了一个开始稳定盈利的期货交易者。

问遍世间何为交易之道，却是您带我入门，才会有“蓦然回首，那人却在灯火阑珊处”的顿悟。

然而，收获却并非如此，如何经营家庭，如何情绪管理，如何看待人生人性，如何传递爱和正能量，在一个走心的老师持续不断地教诲下，受益匪浅，进入了全新的人生阶段。

感恩有您，让我的人生可以变得如此精彩！

第二期学员群伟　广东深圳IBM公司经理

在天涯论坛认识杨清老师纯属机缘巧合，可以讲这是我人生的重要转折点，老师的无私让我甚为感动，毫无保留，视学员为亲人。老师的交易理念彻底让我大彻大悟，首先让我学会放下，让我止血。现在已经有稳定盈利的苗头。

第三期学员宗杰　福建福鼎财务总监

偶然间的相识与相知，成为我期货之路的引导者。将期货理念融入游戏，把复杂的交易体系简单化、标准化，开辟了期货学习和交易的新路径。知难行易、稳定盈利。

第二期学员万玉　江苏无锡镍现货商

杨老师的课程寓教于乐，使学员记忆深刻，深层揭示期货风险，挖掘人性弱点，使我在以后的期货道路上时常警醒自己。感谢杨清老师！

第三期学员林姐　天津家具商

因为杨清老师细心点拨，我顿悟各种交易概念，什么是顺势，什么是逆势，什么是震荡，什么是突破，什么是波动，开启我的量化之路。他对学生的关爱与帮助，仓促间难以详述，我只能道一声，杨老师，我的良师益友，谢谢您！

第三期学员阿峰　江苏徐州程序化编程

参加杨清老师的实盘培训一年了，现在成为私募基金的初级操盘手并保持稳定盈利，这都得益于严格执行杨老师的教导。

实盘训练中不仅学习了资金管理、开仓、持仓、平仓、止损、止盈，还学习到了盈亏和心态的相互作用。

通过一整年的实盘训练，切实体会到了一套完善的交易系统所包含的每一个细节都是必不可少的(包括心理上的)，以后也必定会坚持严格执行。在未来的交易之路，坚持、严格、低调、谦虚、务实的继续践行杨清老师的谆谆教导。

第四期学员阿海　河北石家庄私募基金期货操盘手

自天涯论坛相识相知，临金陵城而聆听知难行易，杨清老师以平易近人的风格叙述着期货市场爱恨交织的复杂缩影，于你我处都能找到似曾相识的共鸣，在这里不仅能读到期货市场中的真谛，且更深处会收获一个不一样的自己，还有交易背后关于人性的思考。

第四期学员阿亮　上海青年企业家

杨清老师是一个风趣、幽默、有大爱的人，用自己的亲身经历劝诫我们这些期货行业的新手少走弯路。杨清老师对于期货交易有一套自己独特的交易体系，通过上杨清老师的课，让我这个新手学会了健康管理、情绪管理以及风险防范，让我学会了用正确的态度应对期货交易。

第五期学员海鹏　北京

本人属于金融小白，2015年10月17日由万达期货的思沅姐引荐与杨清老师相识于北京，跟随杨老师系统学习期货知识与稳定盈利方法。

杨老师将自己的交易系统、止损止盈方法无私教导，并且带领学员们进行实盘训练，手把手教会我如何以损定量、如何设置条件单、止损止盈单、如何选择开仓品种等。

期货是高风险行业，入门遇良师实乃幸事，希望更多的期货投资者有我之幸，能跟随杨清老师学习，远离爆仓，稳定盈利。

第五期学员奇奇　北京

杨老师课程的精妙之处在于授之以渔，而非授之以鱼。与杨老师的接触让我有相见恨晚的感觉，使我看到了正确的方向，掌握了正确的方法，清楚地知道该何去何从。无论在工作、生活，还是在交易上面，都受益匪浅，在正确的道路上前行何愁不能成功。

第六期学员郭勇　河南洛阳

2015 年，一向谨慎的我，第一次接触期货，懵懵懂懂入了期海。真的是期海，一入期货深似海。我被期海的风浪打的晕头转向，不分南北，输掉了一笔数目不菲的钱，可以说几乎是我全部的家当。

当时恨自己为什么会接触到期货？为什么没有把钱买房、买车花掉？为什么管不住自己？一万个为什么问自己，后悔自己的所做所为。但是世界上没有后悔药，我开始研究期货，读逍遥刘强的《期货大作手风云录》，利弗莫尔的《股票大作手回忆录》，想知道自己失败在哪里。

也就是在这时候，我有幸参加了杨老师知难行易第六期期货培训课程，我第一个回答了杨老师提问的问题，认真记录杨老师说的每句话，生怕自己遗漏重点，积极参加杨老师精心准备的模拟期货市场的小游戏——爆仓，但是最后却挨了板子(哈哈，见笑了！那时没有觉得疼，因为自己输那么多真金白银，早就想自己抽自己了)。

整个课程的感觉，杨老师就像一位慈眉善目的长者，儒雅的学者，那种谦逊、慈善的笑容自始至终，微微一笑很倾城。

说话不急不躁，语气祥和、中肯。佛渡有缘人。那时的我，一直不能原谅自己的失败，甚至开始怀疑人生。参加了杨老师的课程，感觉杨老师就是佛祖派来拯救我灵魂的人，我开始慢慢从期货的失败中走出来，开始试着放过自己，不再纠结过去的失败，重新找回自信。

如今一年多过去了，我在自己律师的老本行里，做得不能算特别成功，但也算游刃有余。想想一年前做期货的经历，虽然只有一年时间，但感觉很遥远，当时输钱沮丧、懊恼的心绪，如今已经风轻云淡。

现在，已经基本不再做期货了，但一直在关注杨老师，关注知难行易期货培训，对我来说，知难行易不仅是期货人的行动指南，也是我的人生指南。也许在未来某个时刻，我会继续做期货，那时我一定选择做杨老师的弟子、学生。

第六期学员希瑞　河南洛阳律师

有幸结识杨老师，犹如黑夜中发现一盏指路明灯。杨老师真诚、善良、耐心，为我们拨开浓雾，指点迷津，以往以为很虚幻的东西变得清晰起来。重视情绪，重视家庭，重视大趋势，重视风险管理，从短线的泥淖中抽身出来，不斤斤计较于蝇头小利，这不仅是交易成功的保证，更是人生幸福的密码。

第十期学员阿辉　河南郑州银行职员

十分感恩，刚刚踏上职业交易之路的我，幸运的遇到了杨老师。杨老师所教授的，绝不仅仅是一套技术交易系统，更多的是道，是稳定盈利的理念、心态管理、情绪管理、如何做人、如何做事，等等。越深刻理解，越知晓其厚重，越明白其意义之重大。在如此浮躁的交易市场中，杨老师能静下心来传道授业解惑，令人敬佩，感谢杨老师。

第十一期学员阿晨　北京股票研究员

从一个期货小白，到今天做到不悲不喜，感谢杨清老师耐心教学。再牛的技术，没有止损都不成熟，而杨老师开单必有止损，让所有亏损看得见。同样锻炼内心承受和压力，让我们更包容，更感恩，更加热爱生活。感谢老师，愿您一生平安，桃李天下。

第十二期学员翠翠　北京

杨清老师您好：

七月的相识，埋下了信服的种子；

八月的相会，奠定了期货的基础；

九月的跟随，修炼心与法的要领；

十月的磨合，延续了稳定的盈利。

此后的岁月，您不光是我的老师，导师，更是我一生的伯乐。

第十二期学员阿东　安徽六安豆油现货商

通过这次杨老师的期货培训课程，本人收获很大，以前操作无章法，现在学习后，感觉慢慢引入正题，系统逐步完善，相信自己在以后的操作中，能更好的应对。课程实盘为主，对自己以后的操作会起到很大的帮助。

第十三期学员海军　上海贸易商

来学习前没有一套完整的交易标准系统，随意下单，不知道该如何止损止盈，把握不住单子，亏损时舍不得止损平仓，每次做单子时提心吊胆。

通过向杨老师学习后，做单子不再害怕，知道止损位置在哪里，止盈位置在哪里。

情绪化控制得到了提升，知道在什么时候休息。

从杨老师身上学到了帮助别人就是帮助自己的理念，广结善缘，一定会有福报。

第十三期学员阿虎　内蒙古包头投资公司老总

通过学习了解到：

(1)情绪管理的重要性，自我管理＞技术标准。

(2)可控的风险不叫风险，失控的风险＝生命。

(3)人生难得坚持和专一，需时时修炼身心。

(4)做正直善良之人，做快乐简单的期货。

(5)多总结，多反省，不沮丧，对生活充满信心。

(6)课程氛围非常好，非常喜欢，谢谢老师的付出。

第十三期学员信勇　山东济宁

应该是迷雾中看到灯塔，这个方法很有实战性。

教学方式很嗨。

没有私藏。

希望一如既往那就完美了。

第十三期学员张大哥　湖北十堰公务员

听杨老师的课后，给我最大的感受就是风险控制和情绪控制的重要性。只有做好风控工作，放松心情，才能在交易中轻松地进行操作，才能严格按照交易规则执行，不开手贱单，努力做好稳定盈利的操作。

第十三期学员阿涛　山东淄博

通过本次学习，认识到情绪管理的重要性，以前没有这个概念。

学会了以损定量，知道了以自己能承受的亏损成度来进行开仓，不会再提心吊胆。

学会了老师的交易系统标准，避免乱做、开随意仓，成功率大大提高。

按照系统标准止损止盈，改变以前盈利单拿不住、大行情赚不到大钱的情况。

杨老师真诚待人，非常感动。

第十三期学员阿强　河南信阳

交易系统简单明了，可操作性强，体现了顺势、轻仓、止损、持盈的交易理念，技术与情绪管理有机结合，交易中和生活中的很多细节会影响到交易成败，收获很大，下次有机会再来学习。

第十三期学员苏总　江苏连云港

参加杨清老师3天的期货培训有以下几点感受：

(1)杨老师的系统简单、易操作、有效、易于把握，每次交易都是根据系统标准开平仓，心中有数，不会焦虑了。

(2)杨老师讲课风趣，幽默，心中有大爱，把自己交易知识毫无保留的教给我们，非常感动。

(3)讲到好多交易心理的知识，还讲到交易风险细节方面知识，非常受用，谢谢杨老师。

第十四期学员佳佳　天津证券公司职员

3天学习了杨清老师的系统标准，学习以损定量、健康管理、情绪管理等核心课程。

总的感受是明白易学，但要知行合一对每个学员而言必须经历一段磨炼才可取得成功。

这要求我要改掉原先错误的分析判断方法，改掉一些固化的错误交易习惯，甚至要对自身人性的弱点加以改善。

总之学习体会很深，老师系统的最高境界——不是为了交易而交易。

只有认清了自我，懂得友情、亲情的重要，珍惜健康和家人，才会有从容的心态，正确面对投资，面对人生。

第十四期学员高总　宁夏银川企业家

杨老师的课程让我受益匪浅，解决了我多年以来建立交易系统的困惑，让我有豁然开朗的感悟，更重要的是杨老师的低调、谦卑、对学生的无私奉献。感谢杨老师，感谢和讯网为我提供这次学习机会。

第十四期学员小泉　四川绵阳建筑商

杨清老师的知难行易课程，内容贴近实战，直击期货交易本质，对我本人有很大启发与提升，同时杨清老师授人以渔的培训风格让我们感受到了他的无私的品格，感谢杨老师。

第十四期学员烨烨　上海基金公司

首先杨老师的理念把风险放在首位，这一点是很帮助人的，交易系统标准的学习内容也很简单易懂，使我感受到期货并不是越高深的技术越好，而是简单易懂更能突破。

学习完课程对自己有一个量化的东西，时刻提示，这是对我最大的提升。

第十四期学员军林　陕西西安清华大学博士

3天的学习，收获得不要不要的，期货、人生、家庭、老师用的都是肺腑之言，老师的用心良苦，学生感知之深，同时心里也有一个很大的屏障，我能做到吗？

深知自己的品性处在何阶段，每个人来到这个市场，谁的初衷不是为了能短期暴赚，为了能改善自己当前的状况，上了老师的课，才发现这是多么幼稚可怕的想法，这可能是把自己领向另一个深渊，如何改变这种根深蒂固的想法，深知之难。

上了老师的课，那种在期货市场里激情四射的想法突然失落，感觉自己不可一世的美梦破灭了，可能内心觉得自己要被颠覆，也许是提升前的对自己美好向往破灭时的失落，是对自己急功急利，没耐心，在想象生活中这些弱点被洗礼前的恐惧。人生得一良师益友足矣，即使在这个市场里没成功，学习使自己深知存在的人性弱点，无悔。

第十四期学员阿春　江苏滨海体育老师

课程准备充分，讲解清楚，案例真实，效果好。

课程针对性强，容易理解，对做过期货但没有接受过系统学习的交易者，有特别的指导意义。

第十四期学员陈大哥　辽宁沈阳热卷现货商

杨清老师讲课简洁明了、重点突出、逻辑性强，所讲的技术实用简单易于操作，阐述了交易成功的五个环节，并着重强调情绪与风险控制的重要性。学习期货，上杨清老师的课就够了。

第十四期学员晶姐　北京职业投资者

有一套完整的长线交易系统。

德州扑克测试出自己的定力、耐力、判断能力、受外界干扰控制能力、抗风险承受力，都要有很大的提高。

结识了一群期货同学，了解了他们不同的期货人生经历。

出来学习是有价值的，对杨老师的教学方法和理念非常认同，非常荣幸认识杨清老师。

第十四期学员洪洪　重庆螺纹钢现货商

附录 2 期货朋友圈留言

和杨清相识纯属偶然，当时我在论坛裸单，他在帖子里多次跟帖留言，也引起了我的注意，慢慢我们交换了联系方式，我们经常用QQ、微信、短信、电话联系着。

终于有一天我和杨清见面了，那天他开着宝马，穿着休闲而不显随意，是个大帅哥。虽然初次见面，但并不觉得尴尬，我们在一起聊天、吃饭、喝酒，我虽然年长他几岁，因年龄相仿，又都是期货人，所以在一起交流非常轻松惬意。

随着和杨清的进一步交往，我发现杨清是一个聪明、善良、靠谱儿的人，如果用一句话来评价他，我只能说杨清是一个可以信赖的人。

对于期货新手，我建议大家只做适合自己的行情。很多人忙着做日内、短线、波段、长线或者套利交易等，试图抓住市场里所有波动，可能到头来收益并不好，适合自己的行情不是每天都有，甚至几周都没有。这就要求大家要耐心等待真正的行情，如果做到了这一点，你会发现自己开仓准确率高了很多，而平仓时大部分都是赚钱的单子。

期货不是人生，交易不是生活的全部，期货是个相对边缘化的行业，一旦进入误区且无自制力，对人的杀伤力是很大。爱情、亲情、友情和身体健康才是最重要的。

最后，祝大家家庭幸福，投资顺利！

资深期货交易者　期货实盘大赛冠军C哥

我是在1993年就接触到了期货交易，当时是在一家期货公司工作。国内当时刚刚引入期货市场，所以真正懂行的人可以说完全没有。

并且经纪公司是靠手续费存活的，所以由于利益的驱动，引导客户频繁交易、大量交易。

我至今记忆犹新的是在我们入门培训的时候，讲师告诉我们，来做期货不是来赚钱的，是来赚大钱的，不是来获利的，是来获暴利的。

看到交易信号，第一笔开仓1/3是标准配置，然后可以金字塔加码到2/3 仓位。在这种战略思想的引导下，很显然，资金曲线必然是大幅的震荡。现在回想起来，经过这么多年的交易，我的资金曲线能够逐渐地震荡走高，没有爆仓，也算是个奇迹。

当时我自己也在思索，这种大起大落的资金曲线并不健康，经常在大落的时候会怀疑选择的投机方法是否正确，甚至在想，是不是要换碗饭吃？

自己的情绪经常是在暴赚的癫狂和暴跌的迷茫间切换。在成家之后，给家人也带来巨大的压力。

直到2015年3月遇到了杨清老师，在我参加完9月份第三期知难行易的课程之后，我明白了什么才是正确的道路。

只有明白内在的道理，才会坚定地去执行它，这才是知难行易的核心。

方向一旦明确，你的投机之路就是舒适安心、心理健康的。

资金曲线缓慢但稳定的增长，远远比大起大落要好得多。

反过来说，就算你获得了暴利，但是你的生活是痛苦的，处在抑郁症或狂躁症的煎熬之中，你觉得这样的生活，是你所希望的吗？

我希望所有的投资者都能够参加知难行易的课程，早日找到正确的道路。

资深职业投资者　X老师

我1994年开始做股票，2009年开始做期货，期货交易是一个能上天堂，但也更容易下地狱的行业。

以前我账户资金一直徘徊在大盈大亏的不稳定状态。

通过学习知难行易杨清老师的课程，我明白只有了解到交易背后真知后，交易时才有不迟疑的执行力，单子止损持盈已经成为习惯，盈利只是时间问题。

目前账户从大幅波动到稳定增长，再也不会有短期暴利的念头。知难行易对交易者来说是个不错的课程，虽然不能让交易者个个上天堂，至少能在交易中少走弯路，早日实现财务自由梦想。

资深金融投资者　W总

杨清先生将一颗慈善的心完全倾注于期货行业，毫无保留的将他从事期货行业的成与败、苦与乐分享给从事期货的所有人，填补了国内期货稳定盈利交易培训的空白。

华信万达期货公司资深客户经理　李思沅

杨老师是严冬里的炭火，是雾海中的航标灯，言传身教，甘为人梯，以亲身经历教学，令人难忘！——献给《知难行易》杨清

华信万达期货公司金融事业部　赵总

杨清老师是我听过的讲课最幽默的一位老师，他以自己的切身实际经历把自己的交易经验毫无保留的分享给了我们，听他的课你不会感觉教条和枯燥，相反会从他的讲课中学习到很多做人的品德和做事的原则，他是我们值得尊敬的一位老师。

上海中期期货公司客户经理　杨丽

杨清老师一直是我们创元期货的指导老师，也可以说是教练。从相识到熟知，他的期货之路每一步都毫无保留的呈现给了我们，让我们的客户在交易之路上避免了很多雷池，少走了很多弯路，最重要的是客户有了系统性的交易理念，不再大幅亏损。

这种交易理念承载了一个家庭的幸福，杨老师所做是充满大爱的事业。祝福杨老师能够挽救更多在期货中没有方向感、迷茫的交易者，他会让大家重新认识自己，认识你周遭的一切和我们自己由内到外所散发出的情绪和力量。

永远支持杨清老师，祝愿以后的交易和教学之路顺畅而悦耳，奏出一篇美丽的期货乐章。

创元期货公司郑州营业部总经理　张华

我对一位好导师的定义：用心。

做交易5年左右，在投资的市场里面，接触交流过不少优秀的交易员和老师，而真真正正让我改变自己交易习惯的却是杨清老师。

在和讯网节目中做的一项小实验“布朗运动”——周期级别越大，交易信号越准确。这么容易理解的一句话，相信在这个市场交易的人都听过，但是人性的复杂性、贪婪、欲望，导致做交易者无时无刻、每分每秒都在寻找交易机会。

唯独杨清老师在节目中不停的打比方、举例子、列数据等形式，直接深深地印入我的内心，让我在后期的交易中过滤掉非常多的无效交易。随着稳定性的提高，交易状态也轻松许多，再也没有在一些小的时间框架内反反复复、徘徊、纠结……

祝您在交易和培训的路上越走越好。

重庆微友　小王(十三归)

作为从业人员，参加过很多名家的讲座，是偶然一次，听了杨清老师的公开课，感觉耳目一新，从此心中多了一位老师。

在期货市场上，讲技术、讲行情、讲基本面的人太多太多了，而且各有各的理由、各有各的想法，听起来还真像那么回事，但是真的应用到自己的操作中，却发现毫无章法，面对市场无从下手。

而杨清老师讲课一开始就跳出交易这个圈子，从投资者的外部环境，比如家庭是否和睦、身体是否健康等看似与交易无关的方向入手，看似像是跑题了，实则是抓住了期货交易最核心的点，即交易者本身。

因为所有的交易指令都是由交易者下达，而期货市场自带杠杆，在放大资金的同时也放大了人性的缺点和弱点。

在面临大额亏损或盈利的情况下，如果交易者本身心理或身体出现了问题，那毫无疑问，在交易的时候，期货市场的杠杆会放大这些影响，体现到资金上，那就是放大亏损。

如何坚持既定策略，不受外界影响，这就要求交易者能够拥有一颗大心脏，胸有惊雷而面如平湖。所以说，家庭、健康等外界因素看似与期货无关却对交易影响至关重要。

反过来看，能从这个角度介入到期货交易，说明杨清老师是心细且有大局观的人，综合其本人在金融市场上的成就，我想到了一句话来形容他——“心中有猛虎，细嗅蔷薇”。在汹涌的期货市场上，如猛虎下山，大开大阖，利润尽揽。在交易之余，善待家庭，尽到了一个儿子、丈夫、父亲应尽的责任。

从杨清老师在网络上更新《期货老师这一年》开始，我就一直在跟着看，结合自身，从中又获益良多，希望杨清老师的这本书能被更多人看到。

给未入市场者画下一片蓝图，给深陷泥沼者指明方向，给稳定盈利者加上一道心防。

光大期货公司　赵行

经左老师介绍，杨清老师2016年8月来参加我们《期货实盘秀》直播。初次见面，杨老师给我留下的第一印象很好，穿了一件格子衬衫，彬彬有礼，笑容可掬，才思敏捷，爱家庭、爱音乐、熏习传统文化，看上去挺年轻，交流后得知他竟然是70后，让我有点儿惊讶，做期货的还能保持这种精神状态，很少见。

后来杨老师来做了五期的实盘秀，让我慢慢地了解了杨老师，对他的专业能力及果敢仗义的性格更加钦佩了。

他曾经是一位铜现货商，后来需要套保接触了期货，结果亏了很多钱，还得了抑郁症，服药抗争很久才完全康复。自费10多万元课程费用全国寻访期货名师学习。后来一朝开悟，开创了知易行难交易系统标准体系。

看到其他迷茫亏损爆仓的投资者，就想到当初入市的自己，决心投身期货投资者风险教育事业，希望帮助大家经过专业系统的学习可以早日扭亏为盈，满怀爱心的传授期货交易之道。

和杨老师做节目过程中也很有趣，把原本枯燥的期货交易在节目实验中简单活泼的展现了出来，用“神奇的小玻璃瓶”演示小周期单子的布朗运动现象，“现场输给主持人8万现金”告诉你为啥不能抄底摸顶……网友看了大呼过瘾，具体内容大家可以回放杨清老师的《期货实盘秀》第296期、第307期感受一下。

总之一句话，期货市场并不适合多数人，要是想在这个市场中长期生存就需要不断努力学习进取，德才兼备，而杨老师就是期海中一位好的领路人。

和讯网《期货实盘秀》主持人　黄哲

杨清老师记录了自己从一个初学者经历的种种心历路程，字字珠玑，充满智慧。

通过这本书杨清老师丰富的社会阅历给广大投资者打开了期货投资的窗户，也让国内的现货产业链经营者们看到了期现结合的盈利增长模式。这本书值得大家细细品读，回味醇香。

徽商期货公司合肥营业部总经理 光亮